FACULTÉ DE DROIT DE PARIS

DES AUTORITÉS

INVESTIES D'ATTRIBUTIONS DE POLICE

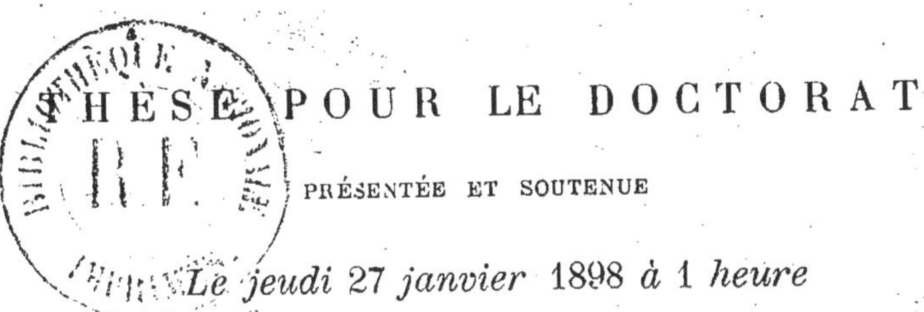

THÈSE POUR LE DOCTORAT

PRÉSENTÉE ET SOUTENUE

Le jeudi 27 janvier 1898 *à* 1 *heure*

Par ALBERT STRAUSS

Avocat à la Cour de Paris

Président. M. LARNAUDE, *professeur.*

Suffragants : MM. BERTHELEMY.
PILLET.

PARIS

HENRI JOUVE, IMPRIMEUR

15, RUE RACINE, 15

1898

THÈSE

POUR

LE DOCTORAT

FACULTÉ DE DROIT DE PARIS

DES AUTORITÉS

INVESTIES D'ATTRIBUTIONS DE POLICE

THÈSE POUR LE DOCTORAT

PRÉSENTÉE ET SOUTENUE

Le jeudi 27 janvier 1898 à 1 heure

Par ALBERT STRAUSS
Avocat à la Cour de Paris

Président. M. LARNAUDE, *professeur*.

Suffragants : MM. BERTHELEMY.
PILLET.

PARIS
HENRI JOUVE, IMPRIMEUR
15, RUE RACINE, 15

1898

La Faculté n'entend donner aucune approbation ni improbation aux opinions émises dans les thèses ; ces opinions doivent être considérées comme propres à leurs auteurs.

A M. E. LAURENT

Officier de la Légion d'Honneur
Secrétaire-Général de la Préfecture de Police

DES AUTORITÉS
INVESTIES D'ATTRIBUTIONS DE POLICE

PREMIÈRE PARTIE

CHAPITRE I

LA POLICE. SES LIMITES. CE QUE LES ANCIENS ENTENDAIENT PAR POLICE. SES DÉFINITIONS NOUVELLES.

Ce serait une fausse idée de croire que les anciens se faisaient du mot police une conception analogue à celle que les modernes lui ont donnée.

Aujourd'hui, nous réduisons le domaine de la police à certaines parties de notre droit administratif. Les anciens eux englobaient dans la police tout ce qui avait rapport à la cité, au gouvernement de l'Etat.

Bien que la Police ait existé de tous les temps, ce furent les Grecs qui les premiers composèrent ce mot, mais ils entendaient par là l'art du gouvernement.

M. X. S. Combothécra (1), privat-docent à l'Université de Genève, dans une courte analyse sur le « *Manuel de la science du Droit policier* » de M. I. T. Tarasoff, professeur à l'Université de Moscou, dit d'après ce dernier auteur que le mot police vient de πολις, parce que dans l'antiquité grecque la πολις fut le berceau du gouvernement, mais ajoute M. Combothécra, il ne faut point oublier que les Grecs appellent πολιτεια l'art du gouvernement et réservent le vocable αστυνομια pour la police proprement dite.

Quoi qu'il en soit, au début des civilisations naissantes, la police comprit toutes les branches d'administration et aussi la politique. Certains auteurs emploient même ce terme en parlant de la police.

Ce furent les Grecs qui les premiers donnèrent le nom de police à cette partie du Droit Public. Ils tirèrent ce nom de πολιτεια du mot primitif πολις qui chez eux signifiait la cité.

Leur dessein était de faire saisir et de montrer ainsi par deux noms semblables et par la conformité de l'expression que l'exécution et l'observation de ces lois qui composaient alors tout le Droit public et la conservation de la société civile, qui elle constitue et forme la cité, étaient deux choses inséparables.

On a pris, dans les débuts le nom de police dans

1. Droit de police en Russie. *Revue de droit public et de la science publique*, p. 555.

le sens du gouvernement en général de tous les États. Dans ce sens il se divise en Monarchie, Aristocratie, Démocratie.

D'autres fois son sens est moins large, il signifie le gouvernement de chaque état en particulier ; ses divisions sont alors : police ecclésiastique, civile, militaire.

Enfin dans le sens qui se rapproche le plus de sa signification actuelle le mot police signifierait l'ordre public de chaque ville.

Après avoir restreint les attributions de la police le législateur s'est vu contraint par les circonstances de les développer sans cesse. Le peuple ne voit dans la police que l'agent de la répression chargé de surveiller le malfaiteur. La science administrative la conçoit autrement, la voit sous un autre angle. C'est un organe d'intérêt général de nécessité absolue, si bien que Macarel a pu l'appeler à très juste titre la « providence humaine ».

Ses limites ne sont pas aisées à définir. Le législateur n'a pas osé s'aventurer à lui en fixer, sa résolution s'est arrêtée au plus sage parti, à ne lui en donner aucune et ne voulant entrer dans des détails trop précis, il est resté dans le vague.

Si parfois il est descendu au détail, c'est moins dans l'intention de restreindre son action que de la guider et de lui donner ainsi par une législation nette, positive, la force qui souvent lui manquait.

Il est nécessaire que la police ait une certaine liberté d'action. Sa protection contre les attaques dont la société peut avoir à se plaindre a besoin d'être dégagée d'entraves. Aussi le gouvernement et ses agents ont dû être laissés libres de pouvoir prendre les mesures nécessitées par la situation. Nous ajouterons que les propres actes du pouvoir de police n'ont rien de définitif même vis-à-vis de lui-même.

Si d'un autre côté on veut essayer d'énumérer les différents objets auxquels s'adresse la police, on se rend compte du grand nombre de ses attributions.

D'après le traité de police de Delamare, quelles sont donc ces subdivisions? « La police, selon nous, est donc renfermée en ces onze parties que l'on vient de parcourir : la religion, la discipline des mœurs, la santé, les vivres, la sûreté et la tranquillité publiques, la voirie, les sciences et les arts libéraux, le commerce, les manufactures et les arts mécaniques, les serviteurs domestiques, les manouvriers et les pauvres » (1).

De plus, la police tirerait les lois de trois sources : 1° le droit divin naturel ; 2° le droit divin écrit ; 3° le droit civil d'institution humaine. La seule remarque que nous ferons est que Delamare entendait par le mot police non pas seulement un service dépendant de

1. Paris 1705, in-fol. Livre I, Tome I, page 4. *Traité général de la police*.

l'administration intérieure, mais toute l'administration elle-même.

Aujourd'hui nous faisons rentrer dans son ordonnance les matières suivantes : 1° la police politique ; 2° la police de la sécurité personnelle ; 3° la police sanitaire ; 4° la police des mœurs ; 5° la police des cultes ; 6° la police des subsistances ; 7° la police rurale et forestière ; 8° la police industrielle et commerciale ; 9° la police de la voirie ; 10° la police judiciaire. Cette énumération donnée dans le *Dictionnaire de l'Administration de Maurice Bloch* est incomplète. Bien des attributions de police s'exercent sous un autre nom, surtout lorsque le fonctionnaire qui les possède n'appartient pas à l'ordre de la police; ainsi la bienfaisance dans les limites de l'assistance publique.

Ce sont là des subdivisions trop complexes et incomplètes, nous préférons la division plus simple et nécessairement complète adoptée par la généralité des auteurs et la jurisprudence : police administrative et police judiciaire.

La première, disent les codes de brumaire, an IV (art. 19) et le Code d'instruction criminelle (article 8), a pour objet « le maintien habituel de l'ordre public « dans chaque lieu et dans chaque partie de l'administration générale », et la seconde : « de rechercher les « délits, d'en rassembler les preuves et d'en livrer les « auteurs aux tribunaux chargés de le [illegible]. » L'une des principales prérogatives de la police administrative est de faire des règlements propres à assurer l'ordre public.

Voici les deux grandes branches de la police, à leur tour elles produisent des rameaux. Ainsi, de Gérando divise la Police administrative en *générale* et *municipale*. D'autres auteurs *Miroir et Brissot de Warville* (1) ne sont pas partisans de cette division. Pour eux on doit distinguer dans la police trois et non deux branches : la police *administrative*, la police *municipale, la police judiciaire*. Cette opinion n'est pas la mienne. C'est reconnaître avec Henrion de Pansey (2) que la police municipale n'est pas une concession de la puissance publique, qu'elle est une *conséquence d'un pouvoir municipal propre*. Mais la police municipale n'est qu'un démembrement de la police générale.

La première division a mes préférences : police administrative et police judiciaire. La police administrative comprendra sous sa dénomination : La police politique, la police générale, la police municipale.

Nous avons vu très sommairement les limites de la police, les limites sont fort vagues, conséquence de la nature de cette institution elle-même. Il est utile, avant de pousser plus loin cette étude, de donner une définition de la police.

Chez les auteurs anciens, nombreuses sont les défi-

1. Du pouvoir municipal. Livre II, chapitre 1er,

2. *Traité de police municipale et rurale.*

nitions. Le traité des lois a amené Platon à nous donner une définition. Pour le grand philosophe la police est « la vie, le règlement et la loi par excellence qui maintiennent la cité (1). » Explication précise, mais où prédomine l'idée ancienne, qui ne fait aucune distinction entre le gouvernement de l'Etat, la conduite des affaires publiques et la mission de veiller sur lui et sur elle. Ainsi la définition d'Aristote, son disciple, « la police est le bon ordre, le gouvernement de la ville, le soutien de la vie du peuple, le premier et le plus grand des biens (2). » Si nous remontons à nos auteurs français, nous y lirons des définitions à peu près analogues. A cette époque la police était peu définie, aussi bien préventive que juridictionnelle. Le magistrat était et fonctionnaire administratif et fonctionnaire judiciaire, d'où des pouvoirs de police très étendus.

« J'appelle police, dit Lebret, dans son *Traité de la souveraineté du roi* (3) les lois et ordonnances que l'on a de tous temps publiées dans les Etats bien ordonnés, pour régler l'économie des vivres, retrancher les abus, les monopoles du commerce et des arts, empêcher la corruption des mœurs, retrancher le luxe, et bannir des villes les jeux illicites : ce qui a mérité ce nom particulier de police d'autant plus qu'il serait im-

1. Des lois 3 et 6. De la République livre 4.

2. Ethique livre 7.

3. Livre 4 chap. 17.

possible qu'aucune cité pût longtemps subsister, si ces choses étaient négligées. »

La définition de Bacquet se rapproche bien davantage de notre conception de la police. C'est, dit-il, « un exercice qui contient en soi tout ce qui est nécessaire pour la conservation et l'entretènement des habitans et du bien public d'une ville. » (1).

Les définitions de Loyseau et de Delamare s'approchent beaucoup de ces dernières. La seule remarque que nous ferons est que ces définitions ne s'appliquent pas uniquement à la police, mais à toute l'administration, nous ne pouvons donc nous en contenter.

En parcourant rapidement celles de nos jurisconsultes modernes, nous verrons s'il en est qui puissent nous donner satisfaction.

« La définition donnée par Maurice Bloch (2) est plutôt une énumération qu'une définition, aussi est-elle incomplète et ne donne-t-elle qu'une idée positive sans faire saisir le but moral de cette institution.

La définition de Blanche est plus précise, sans cependant être absolument satisfaisante (3). « La police désigne la partie de l'administration des communes des départements de la France qui a pour objet spécial le maintien de l'ordre public, de la propriété et de la sûreté individuelle. »

1. *Traité des droits de justice* chap. 18.
2. *Dictionnaire de l'Administration.*
3. *Dictionnaire administratif.*

M. J.-B. Simonet est plus concis. Pour lui « c'est la puissance sociale constituée en vue de maintenir l'ordre public et de garantir la tranquillité et la sûreté des citoyens » (1).

Et nos Codes ne l'ont-ils pas définie ? Non, si ce n'est d'une façon indirecte. Ainsi le Code des délits et des peines du 3 brûmaire, an IV (art. 17 et 16) a dit : « la police est instituée pour maintenir l'ordre public, la liberté, la propriété, la sûreté individuelle. Son caractère principal est la vigilance. La société considérée en masse est l'objet de sa sollicitude ». Vraiment il est pas permis de chercher dans ses explications une définition.

Vivien en donne une par trop développée (2) «... dans un sens plus restreint la police embrasse encore tout ce qui importe au bien-être habituel, à la sécurité et si nous osions employer ce mot au confort du peuple ».

Il reste dans l'esprit peu de choses de ces définitions abstraites, peu précises. Une définition doit être claire, et concise. C'est ce qui manque surtout à celles que nous venons de parcourir. Il est vrai qu'il est fort difficile d'en trouver une absolument exacte. Si l'on examine les idées émises dans chacune de ces définitions on les trouve toutes fort justes. Toutes se ramè-

1. *Traité de droit pulic et administratif*, chap. : de la Police, édition 1893.

2. *Etudes administratives*, Tome 2, page 112, 2e édition 1859.

nent au fond à cette idée que la police est un attribut de la puissance publique, en même temps qu'une partie de cette puissance publique qui a pour mission de veiller à la sûreté, à la sécurité et à la salubrité publiques. Ceci ne donne peut-être pas encore une notion tout à fait satisfaisante. C'est bien dire ce qu'elle fait mais non ce qu'elle est. Créée par le pouvoir social, la police, telle que nous la comprenons aujourd'hui, s'est développée avec l'Etat moderne, jusqu'alors elle n'existait pas vraiment. Ce n'est pas au moyen-âge qu'on peut placer sa naissance. A cette époque, l'Etat ou ce qui le représentait bornait toutes ses mesures de protection à combattre l'étranger ou les séditions intérieures. Ce n'est qu'au XVIIe siècle que se dégage l'idée que le gouvernement doit placer au rang de ses premiers devoirs celui de protéger les citoyens contre toute atteinte portée à la jouissance de leurs droits comme celui d'empêcher les attentats dirigés contre l'ordre public, en un mot, d'écarter les obstacles s'opposant au but poursuivi licitement par l'Etat ou les particuliers. Pour arriver à ce résultat il fut nécessaire de créer un organe qui eut des moyens assez puissants pour assurer le respect de ses décisions même par la force.

Ainsi se développa cette fonction d'Etat et c'est ce qu'on entend aujourd'hui par le mot police.

Mais si elle a pour but direct de maintenir et de développer la civilisation de la nation, et c'est ainsi que la comprennent les Codes qui s'occupent de cette fonction d'Etat et les auteurs qui ont essayé d'en donner des définitions, elle ne doit pas aller jusqu'à restreindre la liberté personnelle des citoyens. Elle ne peut légitimement le faire que lorsque l'intérêt public est en jeu.

En disant qu'elle doit assurer l'ordre public, la sécurité publique, la salubrité publique, on veut par là expliquer les dispositions qu'elle doit prendre pour remplir le rôle qui lui est dévolu.

Ainsi quand on dit que la police a la mission d'assurer l'ordre public, on veut dire par là le régime qu'elle doit faire respecter, régime que s'efforcent d'établir les dispositions du droit public du pays. Le rôle de la police est donc de veiller au maintien de ces dispositions, à leur établissement si elles n'existent point, à leur rétablissement si elles ont été oubliées ou détruites.

Quant à la sécurité publique, bien qu'on puisse la confondre avec ce qu'on appelle l'ordre public, elle en est bien distincte ; c'est l'ensemble des mesures prises pour la protection des intérêts reconnus et défendus par la loi, mesures qui doivent mettre à l'abri la collectivité comme les particuliers.

La salubrité publique, c'est encore l'ensemble des mesures prises pour prémunir la nation comme chacun de ses membres contre les fléaux, les épidémies et tout ce qui peut menacer l'état sanitaire.

Enfin on parle souvent de *paix publique*, expression qui se confond avec celles que nous venons de voir sécurité publique, ordre public, salubrité publique mais elle en différencie en ce sens qu'elle les comprend toutes. Elle signifie non un ensemble de mesures comme les autres, mais plutôt la certitude donnée à la masse, la confiance imprimée dans l'esprit des populations que l'on veille sur elles et que la sécurité, la salubrité et l'ordre publics sont garantis. Aussi nous pourrions presque dire, et ce serait résumer toutes les idées émises dans les autres définitions, que la police est *une branche de l'administration intérieure, chargée de contribuer à cette administration en assurant la paix publique.*

Comme elle n'est qu'une branche de l'administration intérieure, elle doit rester étrangère à toute autre administration, par exemple celle des finances, de la guerre. Tout au plus aide-t-elle la justice criminelle, mais au point de vue juridique, elle se distingue alors, quand bien même ce sont les mêmes agents qui l'exercent, en police judiciaire et administrative.

Quant à la police administrative son rôle consiste à n'agir que pour écarter les dangers qui menacent la paix publique. Elle n'a pas à s'occuper de la prospérité générale, sa mission est surtout protectrice.

Si l'on examine ses attributions, on les trouvera encore singulièrement larges. La police embrasse l'administration intérieure entière. Elle protège tous ces intérêts généraux sur lesquels veille le pouvoir administratif. Bien qu'elle soit une branche de l'administration intérieure, elle s'adresse à toutes les autres parties de cette administration. Elle prend alors différents noms, police politique, police de sûreté, police de l'hygiène, police de la voirie, police du commerce, police de l'assistance publique, etc.

Pour assurer son fonctionnement, de nombreux agents ont été créés ou ont été chargés de la mettre en œuvre. La loi leur a donné l'autorité nécessaire pour garantir la paix publique. Ce sont ces autorités investies d'attributions de police que nous étudierons ici, depuis le chef de l'État, les ministres, les préfets jusqu'aux maires et aux commissaires de police. C'est en quelque sorte exposer rapidement l'organisation de la police que de parler de ceux qui sont chargés de l'appliquer.

CHAPITRE II

OBJET DE LA THÈSE. DIFFÉRENTES AUTORITÉS INVESTIES D'ATTRIBUTIONS DE POLICE.

Les autorités qui possèdent la police et leurs auxiliaires feront le seul sujet de cette thèse. Nous examinerons bien que notre titre ne parle que des autorités, le rôle de certains auxiliaires comme les gardiens de la paix, les gardes-champêtres, pensant que cette étude serait incomplète si l'on ne disait un mot sur ces agents.

Nous chercherons à bien définir les attributions des autorités de police, à fixer leur compétence, à dire celles d'entre elles qui peuvent user du pouvoir réglementaire. Il eût été intéressant de remonter à la source, je veux dire aux institutions anciennes, les limites de ce travail nous l'interdisent. Il est un fait indiscutable, le progrès va vers la spécialisation; les institutions n'échappent point à cette règle, elles sont soumises aux lois de la science. Il en fut ainsi pour la police exercée aux débuts cumulativement avec les autres fonctions de gouvernement confondues avec elles. La justice, l'administration, la force publique étaient dans les mêmes mains. A des autorités uniques appartenaient l'action, la délibération, la juridiction. Puis par des transitions insensibles les pouvoirs furent séparés, confiés à des fonctionnaires différents.

Cette période de développement est aujourd'hui terminée dans notre pays. Les attributions de chacun sont bien définies. Il conviendra d'étudier si la législation actuelle est parfaite et conforme aux données d'une bonne administration, si ce pouvoir de police, qui doit être un, et qui comme tout organe d'intérêt général doit être fortement concentré et centralisé a été ainsi établi; s'il n'y a pas de réformes à provoquer; si enfin dans la jurisprudence comme chez le législateur ne se sont pas élevées des controverses et des critiques sur l'état actuel de la police.

Le point le plus étudié sera celui de savoir si la police doit être police d'État, ou, comme elle l'est actuellement, divisée entre l'administration centrale et l'autorité municipale. La loi du 5 avril 1884 indique une centralisation de la police, en augmentant les pouvoirs du préfet, fait d'autant plus à signaler que l'évolution administrative se poursuit vers la décentralisation communale.

Il sera intéressant de faire un peu d'administration

comparée pour apprécier l'organisation de ce service public chez les autres peuples.

Nous ne nous occuperons pas des fonctionnaires ou magistrats qui possèdent la police judiciaire.

En résumé ne seront examinées que les attributions des autorités ou fonctionnaires qui s'occupent de la police générale ou administrative et municipale.

La police étant un des services importants de l'Etat est assurée par toute une hiérarchie de fonctionnaires.

Le président de la République, chef du pouvoir exécutif, nomme tous les agents chargés de faire exécuter les lois de police. Si leur nomination lui échappe il a sur leurs actes un large pouvoir de contrôle ; il agit sur eux par le droit de révocation. Il a le pouvoir réglementaire.

Après lui viennent les ministres et surtout le ministre de l'Intérieur qui par l'influence qu'il exerce sur ses subordonnés hiérarchiques, les préfets, est le véritable maître de la police. Il a la responsabilité de tout ce qui peut se passer de contraire à l'ordre public.

Les ministres n'ont pas le pouvoir réglementaire, mais ils ont le contre-seing des règlements pris par le Chef de l'Etat. Ils ont le droit de donner des instructions aux préfets.

A côté du ministre de l'Intérieur se trouve un directeur de la sûreté générale. Ce fonctionnaire a pour mission de veiller à la sécurité de l'Etat. Il a la direction de la police d'Etat ou politique.

La police dans les départements est exercée par les préfets. Représentants du gouvernement, ils veillent aux mesures de police à prendre et exercent un contrôle sur les agents chargés dans leur territoire de faire observer les lois de police.

Le ministre de l'Intérieur apprécie les mesures prises par eux. Le second Empire avait eu le tort de placer au-dessus d'eux des inspecteurs généraux de police. Cette mesure souleva des plaintes unanimes et on fut obligé de la rapporter. Le préfet a aussi le pouvoir réglementaire. Il peut prendre des arrêtés pour tout le département, soit pour quelques communes, soit même pour une seule commune.

La ville de Paris a un préfet spécial pour la police qui a pouvoir sur le département de la Seine et quelques centres de Seine-et-Oise. Le préfet de police a les mêmes attributions que ses collègues, mais il est cantonné dans un rôle policier. Il est maire de Paris en matière de police.

Pour Lyon et l'agglomération lyonnaise, on a créé un secrétaire général spécial pour la police qui assiste le préfet du Rhône.

Les sous-préfets subordonnés directs des préfets exécutent leurs ordres et agissent même parfois de leur propre autorité.

Si le ministre de l'Intérieur a la police du pays tout entier, si le préfet a celle du département, le maire possède celle de la commune. Comme le chef de l'Etat, comme le préfet, il a le pouvoir réglementaire. Il prend des arrêtés permanents, temporaires, valables sous certaines restrictions. Le préfet n'a aucune influence sur le maire que la loi a mis sous ses ordres. La police municipale échappe au contrôle gouvernemental malgré les efforts en sens contraire de la loi du 5 avril 1884 qui, chose étrange, est une loi de décentralisation.

Les fonctionnaires dont nous venons de parler sont les seuls qui ont la direction de la police.

Puis viennent les commissaires de police, agents subalternes, chargés de veiller à la sécurité, à la sûreté, à la salubrité publique, et de faire observer les règlements édictés.

Il existe encore des commissaires de surveillance administrative chargés de toutes les infractions à la police des chemins de fer, ils ont également la police des cours des gares.

D'autres commissaires, appelés commissaires spéciaux de la police des chemins de fer, ont été créés en 1893 pour la surveillance des individus suspects et facilement mobilisables. Ils n'ont comme chefs que les préfets.

La gendarmerie a également des attributions de police. Enfin pour clore citons les agents de police, les gardes-champêtres, etc.

Nous venons de passer en revue les divers fonctionnaires et agents chargés de faire observer les lois de police, nous allons maintenant étudier dans leurs détails les attributions de chacun d'eux.

CHAPITRE III

LE CHEF DE L'ÉTAT

La plénitude du pouvoir réglementaire est une prérogative du Chef de l'État. Le soin de mettre la loi en action, par des dispositions secondaires, lui appartient. Il a aussi celle de la mettre en exécution par les prescriptions de détail, ces prescriptions étant par trop sujettes à variations pour être fixées par le pouvoir législatif.

Ce pouvoir réglementaire s'exerce par les règlements administratifs et par les règlements d'administration publique. Il arrive au législateur d'édicter des mesures de police (police de la chasse, de la pêche, etc.), mais il rentre plutôt dans les attributions du pouvoir exécutif de décider sur tous les faits où le maintien de la sécurité et de la sûreté publiques réclament son intervention.

Aussi est-ce la loi elle-même qui donne au pouvoir exécutif le soin de prendre des mesures de police. De là dérive pour le chef du pouvoir exécutif, les préfets et les maires le droit de faire des règlements en matière de police.

C'est donc par voie réglementaire qu'intervient le chef de l'État en matière de police, tantôt par une délégation spéciale de la loi, tantôt par une délégation générale que lui donne la loi constitutionnelle du 25 février 1875 par son article 3.

Comme exemples de règlements faits par le chef de l'État en vertu de lois spéciales, on peut citer les cas suivants : en exécution de la loi des 15-24 avril 1829 article 26 a été rendue l'ordonnance du 15 novembre 1830 sur la pêche fluviale ; en exécution de la loi du 24 mai 1834 a été rendue l'ordonnance du 23 février 1837 sur les armes prohibées, etc.

Comme exemples des règlements de police faits par le chef de l'État en vertu du droit général qui lui est donné par la Constitution ; l'ordonnance du 16 juillet 1828 sur les voitures publiques ; l'ordonnance du 23 mai 1843 relative aux bateaux à vapeur qui naviguent sur les fleuves et rivières, l'arrêté du 25 pluviose an V sur la chasse des animaux nuisibles ; l'ordonnance du 18 juin 1823 relative à l'administration des établissements d'eaux minérales etc.

Les décrets généraux ou réglementaires se subdivisent en règlements d'administration publique, et alors doivent être délibérés en Conseil d'État, et en décrets réglementaires simples rendus sur la proposition d'un ministre.

Lorsque les règlements d'administration publique sont pris en vertu d'une délégation spéciale du législateur, ils peuvent contenir des dispositions que le chef de l'État ne pourrait prendre dans un simple décret.

Quant aux règlements pris en vertu de l'article 3 de la loi du 25 février 1875 ce ne sont que de simples décrets administratifs. Un principe essentiel est que ces règlements aient pour objet un intérêt général. Ils peuvent dès qu'ils rentrent dans ce cas s'adresser même à un établissement, même à un individu.

L'autorité judicaire a-t-elle droit de s'immiscer dans ces règlements pris par le Chef de l'État? La loi du 16-24 août 1790, celle du 21 fructidor de l'an III en disant que les tribunaux judiciaires ne peuvent s'immiscer dans les actes administratifs résolvent la question.

Les tribunaux ne peuvent refuser d'appliquer ces règlements, arguant de leur inopportunité. Il leur est seulement permis de chercher à voir si le règlement est pris dans les limites des attributions de l'autorité qui l'a formulé. Par suite les tribunaux ont le droit d'apprécier la légalité des règlements. Ce pouvoir leur est octroyé et par l'ensemble de la législation, et par le n° 15 de l'article 471 du Code pénal, les règlements de police ne pouvant aller à l'encontre des lois.

L'action du chef du pouvoir exécutif va donc se manifester en matière de police par des actes rendus selon la forme ordinaire de ses décisions qui sont, soit des règlements, soit des décrets. On les appelle décrets lorsqu'ils visent des faits isolés et consacrent des faits d'une application particulière ou individuelle. Si le chef de l'État a un pouvoir aussi absolu, ses règlements ou décrets pour être exécutoires doivent avoir le contreseing ministériel. C'est ce que dit l'article 3 précité : « Chacun des actes du président de la République doit être contresigné par un ministre. »

Ainsi le chef du pouvoir exécutif est le chef suprême de la police. Son influence se fait sentir par les règlements, par les décrets, la nomination et la révocation de toutes les autorités investies d'attributions de police. Il est bien naturel qu'une des principales branches de l'administration intérieure dépende du pouvoir exécutif. Mais l'influence du chef de l'État s'exerce surtout par les ministres.

CHAPITRE IV

LES MINISTRES

Premiers auxiliaires du chef de l'État, ils tiennent de lui leur nomination. Nous n'avons à voir ici que les matières rentrant dans la partie de l'administration active qui, sous le nom de police, a mission de veiller au maintien de l'ordre public et d'assurer la sécurité du corps social. Quant aux attributions de police, elles sont partagées entre les divers ministères, mais les plus importantes appartiennent au ministre de l'Intérieur.

C'est du ministère de l'Intérieur que ressortissent les affaires concernant le maintien de l'ordre public et la sûreté générale de l'État.

Faire exécuter les lois de police générale de l'État, y tenir la main, en assurant la tranquillité et la sûreté intérieure, par exemple : pourvoir, par les mesures nécessaires, aux fêtes publiques ; surveiller, dans les cas spécifiés, certaines professions telles que celles d'imprimeur ; surveiller les établissements de bienfaisance, hôpitaux, hospices, maisons d'aliénés, bureaux de bienfaisance ; pourvoir, dans un but de sécurité, à toutes les maisons de correction, etc., tel est le champ presque indéfini au milieu duquel se meut le ministre de l'Intérieur pour assurer la tranquillité publique et l'intérêt de la Nation.

Mais il y a différentes attributions de police administrative qui appartiennent à d'autres ministères. Ainsi dépendent :

Du ministère des affaires étrangères : les visas diplomatiques et consulaires, les passeports à l'étranger ;

Du ministère des travaux publics : la police des chemins de fer au point de vue de l'exploitation ; celle de la grande voirie, des cours d'eau ; celle du roulage ; l'exploitation des mines, etc.

Du ministère de l'Instruction publique, des Beaux-Arts : la police des théâtres et cafés concerts touchant l'examen des pièces et morceaux de chant ;

Du ministère des finances ; la surveillance sur la garantie des matières d'or et d'argent ; la vente des tabacs et des poudres ; le régime des bacs et bateaux ; la surveillance des jeux de cartes ;

Enfin celles du ministère du commerce et de l'industrie :

La police commerciale des foires, marchés, ports et autres lieux publics ; des ventes publiques de marchandises, des professions de commissionnaires et portefaix sur la voie publique ; etc.

Les syndicats professionnels ; les grèves ; les différents contrats de travail ; les marques de fabrique, les épreuves des armes à feu fabriquées par le commerce, la vérification des poids et mesures ; les bourses du commerce, etc.

Mais, c'est le ministre de l'Intérieur qui est chargé de la direction de la police générale et administrative, c'est de lui que dépendent toutes les autorités de police.

Le ministre de l'Intérieur a, la responsabilité de tout ce qui pourrait se passer de contraire à la sécurité, à la salubrité et à la tranquilité publiques. De lui dépendent directement la direction de la sûreté générale, la direction de l'assistance et de l'hygiène publiques. Sous ses ordres se trouvent les préfets qui ont la haute direction de la police dans leur département.

Le ministre de l'Intérieur est en résumé celui qui a la direction supérieure de l'ensemble de la police générale. Quelquefois il agit par lui-même, mais surtout par l'intermédiaire des préfets auxquels il transmet ses instructions, soit individuellement, soit par des circulaires.

Le ministre de l'Intérieur a-t-il le pouvoir réglementaire ? La même question se pose pour ses collégues des différents départements ministériels.

A aucune époque les ministres n'ont été investis du pouvoir réglementaire. Tout en étant les représentants responsables du pouvoir exécutif, ils n'en peuvent être que les organes. Ils n'ont pas même droit de prendre des arrêtés qu'en vertu d'une délégation d'une loi spéciale. Nous croyons donc que les ministres ne sont capables de prendre des arrêtés de police que dans des cas spéciaux où ils ont reçu autorisation formelle de la loi.

C'est l'opinion des jurisconsultes. Aussi lit-on dans le cours de Droit Administratif de M. Ducrocq : « Le pouvoir exécutif réglemente pour tout l'Etat, le préfet pour son département, le maire pour sa commune, il n'y a pas de place pour l'autorité réglementaire du ministre » (1). Cette argumentation paraît décisive.

Les ministres n'ont qu'un droit de contrôle sur les arrêtés réglementaires des préfets, en ce sens qu'ils ont faculté d'opposition à ces arrêtés, mais non de modification.

Par contre d'autres jurisconsultes contestent cette manière de voir. Les ministres, prétendent-ils, selon le dire des auteurs d'opinion autre que la nôtre, ne peuvent faire de réglements analogues aux décrets du chef de l'Etat et aux arrêtés des préfets et des maires. Ils n'ont reçu aucune délégation à cet effet. Le pouvoir réglementaire appartient au chef de l'Etat ; la délégation d'un pouvoir aussi considérable aux ministres donnerait lieu à des anticipations, à des conflits. Le silence de la loi tranche la question en ce sens. C'est là l'opinion de

1. Edition 1881. Tome I, page 67.

Batbie (1). Mais disent ces auteurs, nous consentons à admettre que les ministres ne peuvent tirer de leur seule qualité pouvoir de faire des règlements ; nous croyons néanmoins que c'est aller trop loin que de dire sans réserves que les ministres n'ont pas le pouvoir réglementaire. Ils l'ont toutes les fois que la loi le leur a délégué. Et à l'appui de leur opinion ils citent de nombreux exemples : Loi du 22 juin 1854 autorisant le ministre de l'Intérieur à réduire par un arrêté la taxe de transit en France des dépêches télégraphiques de l'étranger ; Loi du 25 juin 1856, article 10, autorisant le ministre des finances à déterminer par arrêté le mode de confection, le poids et les dimensions des paquets confiés au service des postes, et encore d'autres ordonnances déléguant aux ministres droit de faire des réglements. Ce qui est vrai, soutiennent-ils, c'est que les ministres n'ont le pouvoir de faire des règlements que par délégation, mais n'est-ce pas le cas des préfets et des maires (2)? Ce n'est pas notre opinion, les préfets et les maires prennent des arrêtés *jure proprio*.

Citons encore Blanche (3). L'autorité des ministres, dit-il, atteint les personnes et les choses, elle s'exerce

1. Batbie. *Droit public et administratif*, tome 4, numéro 52 Dufour. Tome I, n° 149.

2. Macarel. Tome I, page 151. *Traité de police*.

3. *Dictionnaire général de l'Administration*. Edition 1890.

par des mesures collectives ou individuelles, mais le pouvoir réglementaire ne leur appartient qu'exceptionnellement. On citerait à peine quelques cas où il leur a été délégué soit par le législateur, soit par l'autorité suprême.

On soutient encore que le pouvoir réglementaire appartenant au chef de l'exécutif pour tout l'État, les ministres placés auprès de lui n'ont pas besoin de l'exercer, puisqu'il leur suffit de soumettre à sa signature un réglement.

D'autres sont d'un avis contraire, ils affirment que les ministres ont le droit d'exercer le pouvoir réglementaire et citent à l'appui de leur opinion l'article 54 de la constitution de l'an VIII qui les charge de procurer l'exécution des lois et réglements d'administration publique.

Nous ne reviendrons pas sur ce qui a été dit, les ministres n'ont pas le pouvoir réglementaire, bien que dans des matières déterminées des lois et décrets le leur accordent. Ainsi est le règlement d'administration publique du 15 novembre 1846 sur la police des chemins de fer. Les articles 18, 24, 29 et 30 donnent au ministre des travaux publics mission de prescrire diverses mesures sur la marche des trains, l'éclairage et la composition des convois. Tel est aussi le décret du 10 août 1852 sur la police du roulage Son article 8 confie aux ministres de l'Intérieur et des Travaux publics le soin de prendre les mesures jugées nécessaires pour le passage sur les ponts suspendus des voitures. Mais encore une fois ce sont là des cas déterminés, et qui viennent affirmer cette opinion que les ministres n'ont pas le pouvoir réglementaire *jure proprio*

Les voies de recours contre les actes des ministres en matière administrative sont : le recours au ministre lui-même, mieux informé ; le recours au Conseil d'État, seulement dans les cas d'incompétence et d'excès de pouvoir.

Ce serait commettre un oubli que de ne point parler du ministère de la police qui fut institué durant des périodes de troubles et c'est là la cause du mauvais renom qu'il a laissé derrière lui ; ainsi du moins s'explique l'acharnement qu'on a mis à le faire disparaître et les attaques violentes dont il fut l'objet. Il fut créé dans un but exclusivement politique par le Directoire, le 1er janvier 1796. Ce fut le ministère de la police chargé de l'exécution des lois relatives à la tranquillité et à la sûreté intérieures de la République. La garde nationale, la gendarmerie, les prisons, etc., rentraient dans ses attributions. Le gouvernement consulaire le supprima le 14 septembre 1802. L'empire le rétablit le 10 juillet 1804. Il dura le temps de l'empire. Le ministère de la police était surtout un instrument de domination, une institution compressive. Le nouveau gouvernement, la Restauration, sentit le besoin de le faire revivre, et de nouveau le créa le 21 mars 1815. Sous les attaques de ses ennemis, le ministère de la police disparut le 29 septembre 1818 et cette fois fut remplacé par une Direction Générale de la Police. Cette direction fut à son tour supprimée le 21 février 1820. Le ministère de la police ne reparaît plus jusqu'au coup d'Etat de décembre 1851. Pour assurer sa domination, Napoléon III l'institua le 22 janvier 1852. Sa suppression définitive date du 21 janvier 1853.

Bien conçu le ministère de la police eût pu être à la rigueur de quelque utilité. On ne le comprit pas, on le détourna de son but pour en faire un instrument de tyrannie. Or, les institutions humaines ne subsistent qu'à la condition d'être justes. Cette institution a donc péri par la faute de ses propres partisans. A sa tête furent placés des hommes d'Etat éminents mais qui oublièrent leur rôle comme leur mission, tout entiers qu'ils étaient au service de leurs passions (1).

1. Quinze ministres se succédèrent au Ministère de la Police. Ce furent Camus, Merlin, Cochon, Lenoir-Laroche, Dondeau, Le Carlier, Duval, Bourguignon, Fouché, quatre fois ministre, Savary, Pelet, Decazes, de Maupas.

CHAPITRE V

LA DIRECTION DE LA SURETÉ GÉNÉRALE

Le ministère de la Police de nouveau établi sous le second empire fut supprimé, bien qu'il eût pleinement satisfait à ce qu'on attendait de lui, en janvier 1853. Il créait un dualisme dangereux, des complications. Les attributions du ministre de la Police passèrent à son collègue de l'intérieur.

Le préfet de Police conserva toutes les affaires intéressant la sûreté de l'État et la police générale à Paris. Pour surveiller les départements au point de vue politique on créa au ministère de l'Intérieur la Direction de la sûreté générale. Mais des conflits s'étant élevés entre le Préfet de Police et le Directeur de la sûreté générale, un décret du 30 novembre 1859 plaça la Direction de la sûreté générale sous l'autorité du préfet de police, ce qui était, au fond, une lourde faute. Par suite de l'investissement de Paris (en 1870) la Direction de la sûreté générale fut séparée de la préfecture de police. Mais M. de Broglie, ayant réclamé de nouveau leur réunion, le service de la sûreté générale passa dans les mains du préfet de police. Depuis, il y a eu une nouvelle séparation et aujourd'hui ces deux services s'exercent chacun librement.

Actuellement la Direction de la sûreté est chargée des attributions générales dévolues au ministre de l'Intérieur. Ses attributions se présentent sous quatre points de vue différents : 1° : L'article 103 de la loi du 5 avril 1884 confère au Président de la République le soin de régler par décret, sur l'avis du conseil municipal, l'organisation du personnel de la police et le nombre d'hommes affectés à ce service dans les villes de plus de quarante mille habitants. C'est à la Direction de la sûreté qu'incombe le soin de préparer, d'après le rapport des Préfets, ces décrets et de fixer la somme à inscrire d'office au budget si le conseil municipal se refusait à la voter.

2° Il appartient à la sûreté générale de faire les présentations des commissions de police. Il y a deux sortes de commissaires, les uns sont payés sur les budgets municipaux, les autres sur le budget de l'État ; les seconds sont appelés commissaires spéciaux, parce qu'ils sont spécialement affectés à la police des chemins de fer, des ports, des frontières. Ces différents commissaires sont tous considérés comme fonctionnaires de l'État. Ils reçoivent, en effet, leur investiture soit par arrêté préfectoral, depuis le décret de 1852, soit par décret du chef de l'État.

3° Son intervention s'exerce aussi par les commissaires spéciaux qui sont des fonctionnaires absolument indépendants des autorités locales, ils sont payés sur le fonds d'Etat.

4° La surveillance du Directeur de la Sûreté générale se manifeste encore dans le règlement des questions de police communes à tout le pays. Le maintien de la discipline de tous les fonctionnaires appartenant à la police sous les ordres du ministre de l'Intérieur rentre dans ses attributions.

Pour apprécier la conduite de ces agents, des fonctionnaires pouvant se déplacer, se rendre dans les départements étaient nécessaires. Le décret du 29 décembre 1885 est venu combler une lacune en conféran cette mission à des fonctionnaires créés sous le nom de contrôleurs généraux des services extérieurs sous les ordres du directeur de la sûreté générale.

On pourrait ajouter aux attributions de cette Direction la surveillance des associations placées sous le contrôle de l'administration supérieure en vertu des articles 291 et 292 du Code pénal.

Cette direction a ses bureaux qui forment son personnel sédentaire au ministère de l'Intérieur. Outre ses contrôleurs généraux au nombre de deux, chargés tout spécialement des inspections, elle possède en nombre restreint des agents dits secrets facilement mobilisables et qu'elle peut expédier dans toute la France. Mais, si on considère leur nombre très minime, les ressources presque insuffisantes à la disposition de cette direction, on comprendra aisément que cette petite légion d'agents politiques ne peut remplir qu'imparfaitement son rôle. Beaucoup de ces agents, du reste, appartiennent à la préfecture de police.

CHAPITRE VI

LES PRÉFETS.

Le préfet, représentant direct du gouvernement dans son département, a charge de l'exécution et de la transmission des lois et décrets, des instructions ministérielles, de tous les actes du pouvoir législatif et de l'administration centrale. Il tire de son titre de mandataire du pouvoir exécutif le droit d'ordonner toutes les mesures de sûreté générale dictées par les lois du 14 décembre 1789, 16-24 août 1790, et 22 juillet 1791.

Pour tout ce qui concerne la sûreté générale, il est le premier agent du ministre de l'Intérieur. La circulaire du 15 mars 1853 lui ordonne de faire à ce ministre des rapports fréquents sur tous les faits de haute police et de police municipale. La haute police vise la sûreté de l'Etat. Elle détermine quel accord existe entre les actes du gouvernement et les vœux de la nation. Elle indique en quelque sorte les mouvements de l'opinion, la situation morale du pays. Elle note les fluctuations de l'état des esprits; elle a besoin d'organes spéciaux capables de saisir des impressions souvent fugitives mais qui laissent, après leur disparition, des traces profondes. Rien ne l'explique mieux que la circulaire du 14 avril 1852 aux inspecteurs généraux de police.

Cette surveillance se traduit par les rapports périodiques des préfets au ministre de l'Intérieur. On ramène généralement ces rapports à quatre points de vue différents concernant l'ensemble des services de la police : 1° situation morale ; 2° situation politique ; 3° situation administrative ; 4° situation économique et matérielle du département.

A côté de la police morale que nous venons de voir précédemment, se trouve la police positive ou police proprement dite ; elle veille à l'intérêt général, c'est-à-dire à l'ordre public, l'ordre matériel ; elle veille aussi à l'intérêt particulier : la sécurité des personnes.

Le préfet est, dans son département, à la fois le représentant direct du gouvernement et le représentant du département lui-même. Nous avons vu qu'il exerçait le pouvoir règlementaire pour les besoins du territoire qu'il administre, *jure proprio*. Il doit naturellement se conformer aux lois et décrets. Il est sous le contrôle de l'autorité supérieure.

Le préfet a été substitué aux administrations des départements qui elles-mêmes avaient remplacé les anciennes intendances, en vertu du décret du 22 décembre 1789. Il a été institué par le décret du 28 pluviôse an VIII. Il y a dans chaque département un préfet qui est seul chargé de l'administration. (Loi du 18 pluviôse, an VIII, articles 2 et 3).

Le préfet a hérité des attributions de police administrative des Intendants; déjà nous trouvons renfermée dans l'article 2 de la section III de la loi du 23 décembre 1789 une énumération des objets qui sont de nature à motiver des mesures particulières au département. Citons *le maintien de la sûreté, de la salubrité et de la tranquillité publiques*. Toute la police n'est-elle pas dans cette expression?

A cette loi viennent s'ajouter d'autres dispositions spéciales : Le décret du 26-27 juillet 1791 lui donne le droit de requérir la force publique pour repousser aussi bien les brigands et les voleurs que pour dissoudre les attroupements séditieux. La loi du 30 juin 1838 lui dicte les mesures à prendre pour le placement des aliénés. Les décrets des 8 juin 1806 et 30 juin 1852 lui confèrent la police des théâtres; le loi du 18 germinal an X, celle des cultes.

Ces prescriptions réglementaires qui visent au fond l'intérêt général, bien que le préfet les prenne pour les besoins de son département peuvent être suspendues ou même interdites par l'autorité supérieure (loi du 22 décembre 1789 section 3, articles 1 et 2, et loi du 12-20 août 1790, chapitre 1er, parag. 1er). En cette circonstance c'est le ministre dans les attributions duquel rentre l'objet de l'arrêté qui doit l'annuler ou le suspendre, soit sur la demande des tiers lésés, soit en agissant lui-même d'office.

Lorsque ces arrêtés ne sont pas de nature à rentrer dans ses dispositions générales, comment le préfet va-t-il exercer son autorité ? Par des prohibitions, des injonctions ou des permissions individuelles. Par exemple il ordonnera la démolition de travaux qui empiètent sur le lit d'une rivière, il enjoindra à un propriétaire dont la maison borde une route de la réparer si elle menace ruine, il permettra l'ouverture d'établissements dangereux ou insalubres.

Le droit de recours contre les actes du préfet est de règle générale, c'est le recours au ministre (Décret du 25 mars 1852, article 6). Quant au recours au Conseil d'Etat par la voie contentieuse, il n'est autorisé que pour ceux qui arguent d'un droit méconnu ou d'un excès de pouvoir. Il n'appartient pas à la juridiction contentieuse de juger de l'opportunité des mesures administratives ou même de les apprécier.

Il est hors de doute que le préfet mandataire direct du pouvoir exécutif peut prendre toutes les mesures de police qui lui paraîtront nécessaires, même les mesures de sûreté générale qui se trouvent comprises dans les lois où le maire trouve lui-même la source de son pouvoir.

Quand le préfet prend de tels arrêtés, au maire n'appartient plus que le droit de les exécuter. Le maire n'a pas le droit de les abroger, de les remplacer, d'y apporter une dérogation spéciale.

Si les arrêtés du préfet régissent, sans qu'il y ait matière à difficulté, tout le département, ou une partie quelconque du département, ou quelques communes, il n'en est pas de même pour les règlements de police qui ne concernent que le territoire d'une seule commune. Au maire, en principe, est dévolu le droit de prendre ces derniers arrêtés.

Ce système interdit tout contrôle des autorités supérieures. Le maire peut rester inactif ; le pouvoir exécutif est désarmé vis-à-vis de lui. Les inconvénients de ce régime se firent vite sentir et la législation nouvelle s'efforça d'y remédier. L'article 99 de la loi du 5 avril 1884 y apporta le correctif indispensable en donnant au préfet le droit de prendre l'arrêté à la place du maire, tout au moins après *une mise en demeure restée sans résultat.*

Que disait la législation antérieure ?

L'article 15 de la loi du 18 juillet 1837 décide que « dans le cas où le maire refuserait ou négligerait de faire des actes qui lui *sont prescrits par la loi*, le préfet, après l'en avoir requis, pourra y procéder d'office, par lui-même ou par un délégué spécial. »

Malgré la clarté de cet article, une instruction du ministre de l'intérieur en date du 1er juillet 1840 est venue le préciser encore. Voici le passage qui le concerne :

« Si l'autorité municipale reste inactive, malgré la réquisition de l'autorité supérieure, celle-ci peut et doit agir comme lui en donne le droit l'article 15 de la loi du 18 juillet 1837. L'arrêté que doit prendre le préfet dans ces limites, pour assurer l'exécution d'une disposition de loi, sera donc parfaitement légal et obligatoire pour les citoyens comme l'aurait été l'arrêté municipal qu'il est destiné à remplacer. »

Cet article 15 de la loi du 18 juillet 1837 est devenu l'article 85 de la loi de 1884. Il attribuait au préfet le droit de remplacer le maire aussi bien dans les actes de la vie civile de la commune que pour les arrêtés municipaux individuels ou spéciaux. Mais, comme le fait remarquer M. Ducrocq, dans son étude sur la loi municipale du 5 avril 1884 (1), il n'en était ainsi que lorsqu'il s'agissait d'un acte commandé d'une façon absolue par la loi. C'est donc à tort que la jurisprudence du ministère de l'Intérieur s'appuyait sur cet article pour établir le droit du préfet.

Dans les autres cas, l'article 11 de la loi de 1837 ne fait que confirmer la législation antérieure en accordant au préfet un simple droit de contrôle et de révision. « Les arrêtés pris par le maire sont immédiatement adressés au sous-préfet. Le préfet peut en annuler ou en suspendre l'exécution. Ceux de ces arrêtés

1. Ducrocq. *Etudes sur la Loi municipale du 5 mai 1884*, p. 65 à 81,

qui portent règlement permanent ne sont exécutoires qu'un mois après la remise de l'ampliation constatée par les récépissés donnés par le sous-préfet. »

La loi du 5 avril 1884 a donc en réalité augmenté les attributions du préfet. L'article 15 de la loi du 18 juillet 1837 ne parle que des actes qui sont *prescrits aux maires par la loi*.

L'article 99 est moins limité dans son application. « Les pouvoirs, dit-il, qui appartiennent au maire, en vertu de l'article 91, ne font pas obstacle au droit du préfet de prendre, pour toutes les communes du département ou plusieurs d'entre elles, et dans tous les cas où il n'y aurait pas été pourvu par les autorités municipales, toutes mesures relatives au maintien de la salubrité, de la sûreté et de la tranquillité publique. Ce droit ne pourra être exercé par le préfet à l'égard d'une seule commune qu'après une mise en demeure au maire restée sans résultats. »

Cet article n'a pas de correspondant dans la législation antérieure. Il fut introduit par la commission entre deux lectures sous la forme suivante (séance du 27 octobre 1883) (1). « Si le maire refuse ou néglige de prendre des mesures exigées par une bonne police municipale ou rurale, le préfet, après une mise en demeure restée sans résultat, y pourvoit, selon les cir-

1. *Journal Officiel* du 28 octobre 1883, du 27 janvier et 13 février 1884, du 7 mars 1884.

constances, soit par des arrêtés individuels, soit par des règlements applicables à toutes les communes du département ou à plusieurs communes. »

Il fut attaqué au sein de la commission sénatoriale comme empiétant sur les franchises municipales, mais M. Demôle rapporteur le fit maintenir (séance du 26 janvier 1884) (1), en soutenant qu'il se justifiait « d'abord par l'impossibilité absolue, en fait, de fixer exactement la ligne de démarcation entre la police d'intérêt général et la police municipale proprement dite, et ensuite par la nouvelle situation d'indépendance créée au maire par son origine même. »

Cependant la commission le modifia ainsi avant de le présenter au Sénat : « Si le maire refuse ou néglige de prendre les mesures de police municipale ou rurale qui rentrent dans ses attributions, en vertu de l'article 97, le préfet pourra, après une mise en demeure restée sans résultat, y pourvoir d'urgence. »

« Le préfet ne pourra en aucun cas, prendre à défaut du maire un arrêté portant règlement permanent. »

Ainsi la nouvelle rédaction privait les préfets du droit de prendre des arrêtés permanents. Malgré cette brêche considérable au pouvoir préfectoral, elle fut vivement attaquée par MM. Oudet et Labiche. MM. Ribière et Le Guay défendirent l'article. Le Sénat le rejeta en première délibération (séance du 12 février

1. *Journal officiel* du 28 octobre 1883, du 27 janvier et 13 février 1884, du 7 mars 1884.

1884) (1). La commission proposa une autre rédaction, celle de l'article 99 actuel. Nouvelle discussion au Sénat (5 et 6 mars 1884) (1). Le projet fut combattu par MM. Oudet, Clément et Lenœl. Le ministre de l'Intérieur, M. Waldeck-Rousseau, emporta le vote du Sénat en faisant remarquer la différence entre l'ancien texte et le nouveau. La dernière rédaction n'autorise le préfet à se substituer au maire qu'autant qu'il s'agit d'objets intéressant la salubrité, la sûreté et la tranquillité publiques, c'est-à-dire selon le ministre « à la condition qu'il s'agisse, non pas d'un intérêt purement local, mais d'un intérêt de sûreté, de salubrité publique. C'est donc dire de la façon la plus formelle qu'il n'y a rien de changé à l'état de la législation et de la jurisprudence. »

Mais si, comme l'indique M. Ducrocq, (2) on rapproche les termes de l'article 99 de la définition de la police municipale donnée par le paragraphe 1er de l'article 97 « la police municipale a pour objet d'assurer le bon ordre, la sûreté et la salubrité publiques » on reconnaîtra que le droit du préfet de faire des règlements en matière de police municipale est bien peu restreint, et que la différence est plutôt idéale que réelle.

1. *Journal Officiel* du 28 octobre 1883, du 27 janvier et 13 février 1884, du 7 mars 1884.

2. Ducrocq. *Etudes sur la loi municipale* du 5 avril 1884, page 64.

Aussi, lorsque le projet revint à la Chambre, M. Goblet proposa-t-il de limiter le droit d'intervention du préfet en cas où il s'agit de mesures relatives à *la sûreté et à la salubrité générales*, et à lui interdire toute intervention lorsque ne se trouve en jeu que l'intérêt de la salubrité et de la sûreté publiques dans une commune; M. Dreyfus contesta comme inutile cet amendement et le fit rejeter (séance du 22 mars 1884) (1).

L'article 99 est une disposition fondamentale de la loi de 1884 en matière de police. Le principe est posé dans les lois du 22 décembre 1789 et du 18 janvier 1790. Le principe énonce les pouvoirs des préfets sur les matières de police qui appartiennent aux maires concernant la sûreté, la tranquillité, la salubrité publiques lors de l'inertie de l'autorité municipale. Ainsi la négligence ou la mauvaise volonté du maire n'arriveront pas à annihiler les attributions du préfet.

En effet la police générale, la police municipale, la police rurale sont connexes. Elles ont des buts voisins, elles agissent dans des limites différentes, voilà tout. S'il s'agit d'ordre, de sécurité, de tranquillité publiques, il y a toujours un intérêt général en cause. Il ne faut pas empêcher la puissance publique d'agir. Mais si le législateur autorise de tels empiétements lorsqu'il s'agit de police générale, il se refuse à les permettre si les arrêtés n'intéressent que les habitants

1. *Journal officiel.*

de la commune où ils vont être mis en vigueur. C'est la jurisprudence de la Cour de cassation. Mais une mesure d'utilité générale peut n'être applicable que dans une commune. Comme exemples, citons des arrêtés reconnaissant l'insalubrité de mares et d'étables situées dans une seule commune et enjoignant aux propriétaires d'avoir à faire les travaux nécessaires pour faire cesser cet état.

Quelques mots encore sur les progrès réalisés par l'article 99. Avant la loi du 5 avril 1884 les règlements de police pris par les préfets doivent remplir deux conditions : 1° être applicables également à toutes les communes ; 2° avoir pour objet des mesures de sûreté générale et de sécurité publique.

M. Ducrocq cite (*Etudes sur la loi municipale du* 5 *avril* 1884) la jurisprudence de la Cour de cassation qui, invariablement, annule, comme illégal, le règlement préfectoral qui prescrit des mesures rentrant dans les attributions municipales. Ainsi les préfets n'ont pas le droit de faire des règlements au sujet de matières rentrant dans les attributions des maires.

La nouvelle loi permet de considérer comme légal (Morgand : La loi municipale, art. 99) l'arrêté général portant sur un objet intéressant la salubrité, la sûreté et la tranquillité publiques. L'arrêté n'a même pas à s'appliquer à toutes les communes du département. Il sera légal même ne touchant qu'un groupe de communes. Les tribunaux devront reconnaître comme légal tout arrêté préfectoral de police pris sur la salubrité ou la sécurité publique.

Enfin et là surtout la loi innove en permettant au préfet de prendre un arrêté applicable à une seule commune, après une mise en demeure adressée au maire restée sans résultat. Cette distinction est étrange, puisque dans le paragraphe 1 comme dans le paragraphe 2, l'article 99 ne donne au préfet droit d'agir « que dans le cas où il n'y aurait pas été pourvu par les autorités municipales... » La dérogation est égale dans les deux cas (M. Ducrocq. *Etudes sur la loi municipale du 5 avril 1884*, page 73).

La rédaction de cet article s'appuie sur des efforts précédents. M. de Rémusat avait posé la question en 1840, suivant un avis du Conseil d'État qui soutenait que l'article 15 de la loi du 18 juillet 1837 donnait ce droit au préfet (Instruction de M. de Rémusat du 1er juillet 1840). Cette interprétation trop extensive de l'article 15 n'a pas prévalu. Le second est l'article 122 du rapport de M. Vatismenil en 1851 sur l'administration intérieure concernant les communes et ainsi conçu : « Dans le cas où le maire refuserait ou négligerait d faire un des actes qui lui sont prescrits par les lois ou de prendre dans l'intérêt de la sûreté publique, les mesures qui rentrent dans ses attributions aux termes des numéros 2, 3 et 5 de l'article 3, titre XI, de la loi du 24 août 1790, le préfet, après l'en avoir requis, peut y procéder d'office par lui-même, ou par un délégué spécial ». Ce texte est en réalité la combinaison des articles 85 et 99 de la loi du 5 avril 1884 (M. Ducrocq. *Etudes sur la loi municipale de 1884*, page 71).

L'article 99 marque la victoire de cette idée que le maire exerce ses attributions de police à la fois comme chef de la cité et comme délégué du pouvoir central. Ce sont ces liens qui expliquent les luttes et les efforts de 1840, 1851 et de 1884. Mais, malgré tout, force nous est de reconnaître que l'acte fait par le préfet est un acte de police municipale, puisque l'article 99 ne lui donne ce droit qu'en cas de refus ou d'abstention du maire. Cette addition à la loi de 1884 crée un nouveau lien entre le maire et l'administration centrale, elle permet au préfet de se substituer à l'autorité municipale dans la commune, elle étend les pouvoirs du gouvernement, ce qui a fait dire qu'au fond l'article 99 était « le rachat de l'élection des maires par les conseils municipaux » (M. Th. Ducrocq. *Etudes sur la loi municipale*, page 80). Est-ce bien vrai, les attributions des maires sont-elles bien atteintes par cet article ? Il est certain qu'il est venu les atténuer, mais si peu !

Revenons aux arrêtés pris par les préfets à la place des maires. On a beaucoup discuté pour savoir si le préfet peut avoir le droit de publier de tels arrêtés. On a prétendu qu'il ne s'agissait là que d'une seule commune et que c'était empiéter sur les pouvoirs du maire. Avec l'article 99 toute controverse a cessé,

Pour mettre l'autorité municipale à l'abri des empiètements de l'autorité supérieure, le législateur a spécifié que ce droit ne pourrait être exercé par le préfet qu'après une mise en demeure au maire d'avoir à prendre lui-même les mesures nécessaires. De plus, il faut que cette mise en demeure soit restée sans résultat.

C'est justement à propos de l'observation de cet article que M. Jaurès (5 novembre 1896) (1) a interpellé le Gouvernement sur les mesures prises par le préfet, qui, sans avoir adressé de mise en demeure au maire de Carmaux, s'était substitué à lui pour assurer la tranquillité publique lors de l'arrivée des députés socialistes à Carmaux. M. Millerand, député, intervint dans le débat : « Et maintenant, dit-il, quelles précautions prend M. le Ministre pour éviter des troubles, pour empêcher que ces provocations n'aboutissent à un conflit? Il commence par violer la loi. Il viole la loi municipale qui ne permet pas d'enlever à un maire la police municipale sans l'avoir mis en demeure de prendre les mesures que le préfet juge nécessaires. » « Vous leur enlevez (aux magistrats municipaux) le droit de disposer de la police municipale ; vous le leur enlevez en violant la loi, mais j'ajoute — c'est un détail — en violant les règlements de courtoisie les plus simples, les plus élémentaires, en n'avertissant même pas ce maire, à qui vous retirez la police municipale, que vous vous arrogez un droit qui ne vous appartiendrait

1. *Officiel* du 6 novembre 1896.

que si ce maire avait refusé d'exécuter vos ordres ».

M. Barthou, ministre de l'Intérieur, lui répondit : « Sur le premier point, M. Millerand a émis une affirmation, j'ai le droit de lui dire qu'il n'a pas apporté une preuve. Il n'a pas prouvé que M. le préfet du Tarn s'était substitué à M. le maire de Carmaux sans exiger de lui qu'il indiquât les mesures de police prises et sans avoir reconnu l'insuffisance de ces mesures. C'est ici encore une question de fait. M. le préfet du Tarn s'est substitué à M. le maire de Carmaux parce qu'il a pensé...

M. Goblet. — Et la loi?

M. le ministre.—..parce qu'il a estimé que M. le maire de Carmaux ne pourrait pas assurer l'ordre public dans des conditions suffisantes.

M. Marcel Habert. — Et cela suffit ?

M. le ministre. — Et c'est en usant d'un droit formel, reconnu par la loi de 1884, que M. le préfet du Tarn s'est substitué à M. le maire de Carmaux. »

De cet exposé impartial des faits il résulte que le préfet du Tarn ne s'est point conformé à la loi qui, pour lui permettre de se substituer au magistrat municipal, prescrit une mise en demeure restée sans résultat. Cette mise en demeure a-t-elle été faite ? Non. Nous ne discutons pas ici la bonne intention du Gouvernement d'assurer l'ordre. Au point de vue juridique, la loi a été violée, et c'est la meilleure preuve qu'elle est mal rédigée, puisque dans des circonstances difficiles, le Gouvernement, responsable de l'ordre, a été obligé de violer la loi pour assurer la paix publique.

M. Goblet reprit la question ; pour lui comme pour les orateurs précédents, le préfet ne peut se substituer au maire sans une mise en demeure préalable et restée sans résultat. M. le ministre de l'Intérieur lui répondit, mais sans entrer dans la question même, en l'éludant pour mieux dire ; il est évident qu'en cette circonstance le préfet n'avait pas mis le maire en demeure. Aussi M. Goblet put-il répliquer sans être contredit. « Mais, Messieurs, le principe est le même, il « faut véritablement que les idées de liberté et de léga- « lité soient singulièrement troublées pour que vous « ne me compreniez pas. On a donné au maire des « droits administratifs et des droits de police ; on les « lui a donnés sérieusement et on ne veut pas qu'il « puisse être privé des uns ou des autres par l'auto- « rité supérieure, c'est-à-dire par le préfet sous le « contrôle duquel il les exerce sans qu'il ait été mis « en demeure de les exercer lui-même. L'article 85 le « dit pour les actes administratifs et l'article 99 le dit « pour les actes de police intéressant le département « tout entier, et d'une façon particulière, dans le der- « nier paragraphe pour les actes de police qui n'inté- « ressent qu'une seule commune ; c'est le cas. Je n'ai « pas bien compris la portée de la réponse de M. le « ministre de l'Intérieur, mais il m'a semblé saisir qu'il

« me disait que l'article 99 ne s'applique pas plus à ce « cas que l'article 85. Alors je lui pose une question : « où prend-il ce droit ? »

La Chambre par 316 contre 218 adopta l'ordre du jour de M. Dulau : « La Chambre approuvant l'attitude du gouvernement passe à l'ordre du jour ».

Je laisse de côté la question du fait, pour ne m'occuper que de la question de droit. Il est certain qu'en droit, le préfet du Tarn n'a pas suivi le texte de la loi puisque le ministre de l'Intérieur n'a pas pu prouver que la mise en demeure exigée a été faite au maire. De ces débats se dégage ce fait que la loi municipale a été rédigée dans un sens un peu étroit, que le dernier paragraphe de l'article 99 est rédigé de telle façon qu'il est inapplicable parce qu'il entraîne à des lenteurs en des moments où il faut agir avec promptitude, et qu'enfin cette loi de 1884 limite trop les pouvoirs du gouvernement puisqu'elle l'oblige à transgresser ses prescriptions, dans un but peut-être louable, mais qui, aux yeux du peuple, n'en est pas moins un mauvais exemple puisqu'il lui donne l'exemple de dépositaires de la loi, de ceux-là qui doivent la faire respecter, contraints les premiers à la violer.

Pour en terminer avec ce débat, je citerai la circulaire du ministre de l'Intérieur du 15 mai 1884 qui vient appuyer sur ce point : « Vous ne perdrez point de vue cette condition. Le législateur l'a édictée par un vif désir de restreindre le moins possible les attributions de l'autorité municipale. » De plus cette circulaire semble exiger que la mesure préfectorale, bien que ne touchant qu'une commune intéresse les autres communes. En effet, elle cite un exemple qui corrobore cette opinion, elle parle d'une mare dont les émanations malsaines sont un danger pour l'hygiène des autres communes. Mais son effet se trouve être bien atténué pour ne pas dire annulé par le rejet de la proposition Goblet. Il est hors de doute que le législateur a voulu donner au préfet le droit de prendre toutes les mesures de police concernant l'ordre, la salubrité et la sécurité publique, alors qu'il s'agit même de l'intérêt d'une seule commune.

Dans tous les autres cas le préfet n'exerce qu'un droit de contrôle et de révision qui lui est accordé par la législation antérieure à la loi du 5 avril 1884. L'article 95 dit : « Les arrêtés pris par les maires sont immédiatement adressés au sous-préfet. Le préfet peut en assimiler ou en suspendre l'exécution. Ceux de ces arrêtés qui portent règlement permanent ne sont exécutoires qu'un mois après la remise de l'ampliation constatée par les récépissés donnés par le sous-préfet. » Ainsi tout arrêté permanent, de si minime importance soit-il, n'est exécutoire qu'un mois après remise du récépissé et tout arrêté portant sur un intérêt individuel du moment de la remise du récépissé. Le préfet n'a pas à revêtir l'arrêté d'un visa approbatif, mais d'après la jurisprudence de la cour de Cassation il en a le droit pour donner plus de force morale aux arrêtés des maires. La circulaire du ministre de l'Intérieur du 1er juillet 1840 vient affirmer cette opinion.

Une question intéressante est celle de savoir si le préfet peut annuler ou suspendre à toute époque l'arrêté individuel ou l'arrêté permanent du maire. La circulaire du 1er juillet 1840 s'explique parfaitement sur cet objet. Elle vise l'article 11 de la loi du 18 juillet 1837, or cet article 11 est devenu l'article 95 de la loi de 1884, elle répond donc très bien à ces questions et le mieux est de reproduire les passages qui s'y rapportent :

« Ceux de ces arrêtés qui ne portent pas règlement er manent, c'est-à-dire qui statuent sur des cas indivi duels, n'étant soumis par la loi à aucun délai pour leur exécution, sont exécutoires de plein droit dès que le récépissé en a été donné ; mais aussi le préfet peut les annuler à quelque époque que ce soit, car cette attribution lui est conférée d'une manière générale, absolue, et sans restriction de temps. Il est entendu toutefois, que les faits accomplis pendant que ces arrêtés étaient exécutoires, sont légalement accomplis et que l'annulation de l'arrêté n'entraîne pas la nullité de ce qui a été fait précédemment en vertu de cet acte ». La circulaire conclut identiquement en ce qui concerne l'arrêté permanent.

Le préfet peut annuler ou suspendre un arrêté municipal, mais n'a pas le droit de le modifier. M. Jules

Simon, ministre de l'Intérieur, dans son projet de loi, demandait que le préfet pût modifier dans les cas où le maire exerce ses pouvoirs sous l'autorité de l'administration supérieure, cette disposition n'a pas été admise dans la loi. Il nous paraît cependant logique que toutes les fois que le maire agira sous l'autorité de l'administration supérieure, comme agent de l'Etat, le préfet pourra substituer sa décision à celle du maire. Il en est ainsi pour les arrêtés des préfets. Morgand et Dalloz prétendent que lorsque le maire prendra un arrêté qui peut être considéré comme en contenant plusieurs, le préfet peut annuler ou suspendre quelques-unes de ces dispositions et ne pas s'opposer à l'exécution des autres. Cette opinion me paraît raisonnable.

Dernière innovation de l'article 95. Il fut fort discuté afin de savoir si un arrêté permanent pouvait être autorisé avant le délai d'un mois. La circulaire ministérielle du 1er juillet 1840 disait que le préfet pouvait devancer le délai. La cour de Cassation n'avait pas admis cette interprétation et exigeait le délai d'un mois. L'article 95, déclarant qu'en cas d'urgence le préfet peut autoriser l'exécution immédiate d'arrêtés permanents, fut adopté à la Chambre dans la séance du 26 février 1883 malgré l'opposition de Mgr Freppel.

Les particuliers ont le droit de s'adresser au préfet pour demander l'annulation ou la suspension d'arrêtés qu'ils prétendraient les léser. Si le préfet ne leur donne pas satisfaction, ils peuvent recourir au ministre. Quant au Conseil d'Etat il n'admet de recours qu'en cas d'excès de pouvoir. Enfin les particuliers peuvent soutenir l'illégalité de l'arrêté devant l'autorité judiciaire.

Nous allons voir maintenant les attributions des préfets dans l'organisation de la police communale : La loi du 5 mai 1855 accordait des pouvoirs spéciaux aux préfets dans les villes de 40,000 âmes et au-dessus.

La loi du 5 avril 1884 distingue les grandes communes des petites, mais tandis qu'autrefois seules les villes de 40,000 âmes, chefs-lieux de département, étaient l'objet de mesures spéciales, aujourd'hui toutes les villes de 40,000 habitants rentrent dans la même catégorie. La différence consiste en ce que le cadre du personnel est fixé par simple décret. Les dépenses de police restent obligatoires.

Les inspecteurs, brigadiers, sous-brigadiers, agents de police sont, dans toutes les communes, nommés par le maire, mais doivent être agréés par le sous-préfet. Les agents ainsi commissionnés peuvent être suspendus par le maire, mais, par analogie avec l'article 102 qui vise les gardes-champêtres, cette suspension ne peut dépasser un mois. Les démissions des agents doivent être acceptées par le maire qui, dans les villes de 40,000 âmes, est tenu d'en donner avis au préfet. Alors que le maire peut révoquer les simples agents municipaux commissionnés selon l'article 88 de la loi de 1884, la révocation ne peut être prononcée, pour les agents de police, que par le préfet ; il en est de même pour les gardes-champêtres.

Nous venons de voir, d'une façon rapide, les attributions des préfets dans leurs grandes lignes. Si nous voulions ici entrer dans les détails, il nous faudrait aborder un travail autrement important que celui que nous nous sommes assignés. La police intervient, en effet, dans presque tous les actes de la vie administrative. Une telle énumération n'aurait rien d'intéressant. Qu'il nous suffise de savoir que le préfet a, dans son département, des attributions de police qu'on pourrait dire indéfinies. Cette étude succincte va être un peu complétée par celle des attributions du préfet de police dans le département de la Seine et du préfet du Rhône dans la ville de Lyon et l'agglomération lyonnaise.

CHAPITRE VII

LA VILLE DE PARIS ET LE DÉPARTEMENT DE LA SEINE.

En raison de l'importance de la capitale la police de Paris a été confiée à un préfet qui a pris le titre de préfet de police. Ce magistrat a été créé par l'article 16 de la loi du 28 pluviôse an VIII et ses attributions ont été fixées par les arrêtés du 12 messidor an VIII, 3 brumaire an IX, par la loi du 22 germinal an XI, et par les arrêts des 1er et 21 messidor an XII. A toutes les époques a existé cette autorité dans les mains de laquelle se centralisait la police de la capitale. Anciennement c'était le lieutenant de police (Edit de 1667). Le 18 avril 1674 furent réunies les fonctions de Lieutenant civil au Châtelet et de Lieutenant de police sous le titre de Lieutenant Général. Le dernier Lieutenant Général Théroux de Crosne était encore en fonctions lors de la prise de la Bastille. (*La Police* Hogier-Grizon, page 10). Le premier préfet de police fut M. Dubois. Sa nomination date du 17 ventôse an VIII (8 mars 1800).

L'article 1er de l'arrêté des consuls du 12 messidor an VIII dit que le préfet de police exerce ses fonctions sous l'autorité immédiate des ministres ; il correspond sans intermédiaire avec eux. Le préfet de police peut publier de nouveau les lois et règlements de police, et rendre les ordonnances tendant à en assurer l'exécution (article 2). L'énumération de cet arrêté contient toutes les matières de police qui rentrent dans les attributions des maires des communes. Selon la jurisprudence l'énumération de cet arrêté est purement énonciative. Aux termes de l'article 16 de la loi du 18 pluviôse an VIII, le préfet de police est chargé de tout ce qui concerne la police. Au point de vue de la police municipale il est donc investi du pouvoir conféré aux autorités municipales. Rentrent dans ses attributions celles conférées aux municipalités par les articles 3 et 4 de la loi des 16-24 août 1790 et par l'article 46 titre I. de la loi des 19-22 juillet 1791.

D'après la jurisprudence, l'arrêté du 12 messidor an VIII n'est pas limitatif, le préfet de police peut prendre des ordonnances sur tous les objets confiés à la surveillance des maires, nous ferons toutefois remarquer que par décret du 10 octobre 1859, des attributions municipales, jusqu'alors conférées au préfet de police, ont été transportées au préfet de la Seine ; ce sont des perceptions fiscales ou des attributions exigeant surtout l'action du service des ponts-et-chaussées qui est sous l'autorité du préfet de la Seine. Mais le décret de 1859 réserve encore au préfet de police un droit de contrôle.

Ainsi le préfet de police est assimilé aux maires, mais il y a des différences importantes. Tandis que le maire agit sous la surveillance du préfet de son département, le préfet de police est immédiatement placé sous l'autorité du ministre (article I; 12 messidor an VIII). De plus, hors des murs, dans son ressort, il donne lui-même des ordres pour tout ce qui concerne ses attributions. La préfecture de police forme une partie intégrante de l'administration municipale. Il faut d'abord distinguer suivant que le préfet de police exerce ses attributions dans les limites de la ville de Paris, ou bien dans les communes du département de la Seine, ou encore dans les communes de Saint-Cloud, de Sèvres, de Meudon et d'Enghien qui dépendent de Seine-et-Oise.

A Paris, il cumule les attributions de préfet et de maire, c'est dire qu'il a dans sa main réunies la police générale et la police municipale.

Dans les communes de la Seine, il a même autorité, sauf certains objets que vient soustraire à son action la loi du 10 juin 1853.

Dans les communes de Seine-et-Oise, son autorité n'a plus le caractère de généralité. La règle c'est qu'il n'est pas compétent et les cas où son pouvoir peut s'exercer sont fixés d'une manière limitative par l'arrêté du 3 brumaire an IX.

Comme ceux des autres préfets, les actes ou ordonnances du préfet de police s'exercent par des dispositions affectant un caractère général ou encore par des injonctions individuelles. Le décret de décentralisation du 25 mars 1852, est venu augmenter ses attributions. « L'exception à l'application de ce décret, stipulée par son article 7, pour ce qui concerne l'administration départementale proprement dite et celle de la ville de Paris, n'a point trait aux attributions du préfet de police. Il profite, par conséquent, de l'extension donnée aux pouvoirs préfectoraux, pour les objets énumérés dans les tableaux B. C. D. annexés aux décrets du 25 mars 1852 ».

Si nous considérons le préfet de police comme préfet et maire, il a diverses attributions de police générale.

Le préfet de police a un pouvoir presque souverain dans la ville de Paris. Dans le département de la Seine ses attributions sont aussi très grandes. Disons-en de suite un mot. L'arrêté consulaire du 3 brumaire an IX (25 octobre 1800) lui donnait dans le département de la Seine une grande partie des attributions que lui conférait dans Paris l'arrêté du 12 messidor an VIII; les maires des communes, pour l'exercice de ces attributions, étaient sous son autorité directe. Par la loi du 10 juin 1853, article 1er, l'arrêté du 12 messidor an VIII été étendu à tout le département de la Seine réservant toutefois aux maires les attributions suivantes : Les maires gardent la direction, sous la surveillance du préfet de la Seine, de tout ce qui concerne la petite voirie, de la liberté et de la sûreté de la voie publique. Il leur appartient de surveiller et diriger l'établissement, la conservation, l'entretien de tous les édifices communaux, promenades, places, rues et voies publiques ne dépendant pas de la grande voirie, cimetières, etc. Ils doivent veiller à l'éclairage, aux arrosements, au balayage, à la salubrité et solidité des maisons particulières, aux mesures à prendre contre les incendies, aux secours à porter aux noyés, à la fixation des mercuriales, à l'établissement des pompes, des égouts, des fontaines, des aqueducs. Ils président aux baux, aux marchés, aux adjudications. Cette énumération se trouve dans l'article 2 de la loi du 10 juin 1853.

L'article 2 de l'arrêté de messidor donne au préfet de police le droit de publier de nouveau les lois et règlements de police, de rendre les ordonnances pour en assurer l'exécution. Jusqu'au décret du 10 octobre 1859, tout ce qui concernait la petite voirie dépendait de lui, le décret est venu en modifiant les attributions du préfet de police les faire passer dans celles du préfet de la Seine.

En effet, le paragraphe I de ce décret porte « la petite voirie telle qu'elle est définie par l'article 21 de l'arrêté du 12 messidor an VIII » rentre dans les attributions du préfet de la Seine. Ce décret est très important, il délimite les attributions du préfet de police et du préfet de la Seine. Il ne faut pas oublier que le préfet de la Seine est maire de Paris. Le préfet de police l'est aussi, mais partiellement. Dans ce décret les attributions de police municipale qui peuvent être conférées aux maires, sont laissées au préfet de la Seine. Il y a peut-être là une indication de ce que serait la police municipale si était créée une police d'Etat.

Les communes de Saint-Cloud, Meudon et Sèvres qui font partie du département de Seine-et-Oise ont été placées sous l'autorité du préfet de police par l'arrêté du 3 brumaire an IX. La loi du 7 août 1850 y a ajouté celle d'Enghien. « Le décret du 3 brumaire an IX, qui a placé les communes de Sèvres, Meudon et Saint-Cloud, sous l'autorité du préfet de police, pour les mesures de haute police, sera appliqué à la commune d'Enghien ». (Loi du 7 août 1850). Le préfet de police y exerce son autorité, en ce qui touche les fonctions à lui attribuées par l'arrêté de consuls du 12 messidor de l'an VIII, article 5, sur la mendicité et le vagabondage ; article 6, paragraphe I, II, III, sur la police des prisons ; articles 7, 8, 9 sur les maisons publiques ; article 10, sur les attroupements ; article 11, sur la librairie et imprimerie ; article 13 sur les poudres et salpêtres, article 19 sur la recherche des militaires et marins déserteurs, prisonniers de guerre, mais par droit de suite lorsqu'ils se sont réfugiés de Paris dans les autres communes du département; article 23 sur la salubrité ; article 24 paragraphe 4 sur les débordements et débâcles; article 26 sur la sûreté du commerce (1) ; article 27, paragraphes I, II, III, sur la surveillance des places, lieux publics ; article 33 sur les approvisionnements, (arrêté du gouvernement du 3 brumaire an IX, article 1). L'article 2 du même arrêté dispose que le préfet de police a, à cet effet, sous ses ordres, seulement pour cette partie de ses attributions, les maires et adjoints des communes, et les commissaires de police dans les lieux où il y en a d'établis.

Les préfets sont les seuls qui aient droit d'élever le conflit. Le préfet de police a-t-il ce droit? L'ordonnance royale du 18 décembre 1822 est venue éteindre toute controverse en décidant que le préfet de police est seul compétent pour élever le conflit dans les affaires de son ressort.

Organisation de la préfecture de police.

Cette étude vient comme corollaire de celle des attributions du préfet de police. La préfecture de police se compose d'une administration ou service intérieur et de services actifs ou extérieurs. L'administration cen-

1. *Dictionnaire de police d'Elouin, Trébuchet, Sabat.*

trale comprend : le cabinet du préfet, le secrétariat général et deux divisions dont les attributions sont ainsi réparties : le cabinet du préfet de police où sont traitées les affaires réservées par le préfet lui-même : affaires politiques et de sûreté générale, mesures d'ordre concernant la sûreté du président de la République, de tous les pouvoirs publics et des corps élus ; service judiciaire ; circulation des étrangers ; vérification des passeports, toutes les mesures concernant les étrangers ; presse ; associations, réunions, manifestations ; élections ; archives politiques ; police militaire ; cercles, sociétés de secours mutuels ; sapeurs-pompiers dans les établissements publics : admission à domicile, enquêtes à la demande de diverses administrations. Le secrétariat général a sous sa direction tout le personnel de police, la comptabilité, la garde des archives, les nominations dans l'ordre de la Légion d'honneur etc. Le reste du travail se répartit entre les deux divisions. La première, de laquelle ressortissent la recherche des délinquants signalés ou inconnus et non encore sous le coup de mandats, les arrestations, les expulsions, les prisons, les passe-ports, les mœurs, les aliénés, les enfants assistés, etc., comprend cinq bureaux.

La deuxième division composée de quatre bureaux a dans ses attributions : l'approvisionnement, la navigation, les poids et mesures, la Bourse, la police de la voie publique, les chemins de fer, les voitures, les incendies, la police sanitaire, etc. Ces deux pouvoirs se subdivisent aussi en sections. Sont compris dans le service central le laboratoire municipal et le service d'anthropométrie. Cette énumération est très résumée. Pour les détails complémentaires, il suffit de consulter le *Dictionnaire de police* de Brayer.

Un coup d'œil sur les services extérieurs. — Le service extérieur a surtout pour objet principal le maintien du bon ordre et de la tranquillité dans Paris, l'exécution des lois et des ordonnances de police ; les recherches dans l'intérêt général et dans celui des familles ; la recherche des maisons clandestines de jeux, la surveillance des voitures, des marchands forains, des brocanteurs, de la prostitution, des marchés et abattoirs ; les mesures d'ordre à l'occasion des fêtes publiques, etc., le service dans les établissements publics, etc., le service médical de nuit, les postes de police, le transfert des détenus.

Ces différents services constituent la police municipale. En 1878, ils avaient été placés sous la haute direction du chef de la police municipale dont les pouvoirs étaient des plus étendus et qui les exerçait sous l'autorité fictive du préfet de police. En réalité le chef de la police municipale était tout. Aussi de nombreuses plaintes. D'où une campagne très vive contre le chef de la police municipale. Il y avait là de justes griefs. Le préfet, seul fonctionnaire responsable ne disposait pas d'une liberté d'action suffisante puisqu'il se trouvait dans l'obligation de faire passer tous ses ordres par l'intermédiaire du chef de la police municipale. Cette situation du préfet de police a été même un peu outrée dans l'ouvrage d'Hogier-Grizon sur la police (1). Cette situation avait quelque chose d'anormal ; M. Macé dans son livre intitulé « *Le service de la sûreté* » l'a ainsi caractérisée en polémiste : « Le préfet de police voit et sent partout autour de lui l'influence du chef de la police municipale. Sa porte est gardée par des gardiens de la paix ; ses domestiques sont des agents de la police municipale. Même hors de la préfecture, il est sous la tutelle et la surveillance de M. Caubet, car son cocher est un de ses subordonnés. Le préfet est en quelque sorte son prisonnier. » Cette campagne a abouti à la suppression de cet emploi de chef de la police municipale.

Le décret portant réorganisation de la police municipale du 28 juillet 1893 est ainsi conçu : Article 1er : Le titre de chef de la police municipale est supprimé. « Le fonctionnaire chargé, sous l'autorité du préfet de police, de la direction de ce service, prendra le titre de directeur de la police municipale. Les fonctions de chef adjoint de la police municipale et d'inspecteurs divisionnaires sont supprimées ». Ainsi le même décret a supprimé le chef de la police municipale, le chef adjoint et les inspecteurs divisionnaires.

1. *La police* par Hogier-Grizon, page 22 et suivantes.

Outre les bureaux, la police municipale comprend le contrôle général sous la direction du chef de contrôle, ou contrôleur général assisté d'un commissaire de police (autrefois il y en a eu deux) d'un inspecteur principal, d'un secrétaire, d'un brigadier, de quatre sous-brigadiers, de trente-huit inspecteurs. Le contrôle général a été créé par un décret du 17 septembre 1854. C'est une sorte de synthèse des services de la préfecture de police.

La police municipale comprend encore quatre brigades de recherches dites « dans l'intérêt des familles. » La première a la recherche des maisons clandestines de jeux. Un officier de paix est à sa tête. Ses agents ne portent pas l'uniforme. Indépendamment de ces quatre brigades, six autres brigades dites « de réserve », sous les ordres chacune d'un officier de paix, ayant des noms spéciaux :brigades des voitures, des halles, etc.

Chaque arrondissement de Paris comprend une brigade dirigée par un officier de paix dont les bureaux se trouvent situés à la mairie de chaque arrondissement Chaque brigade se divise en trois sections ABC, commandées par un brigadier. Chaque section pendant huit heures exerce sa suveillance sur la voie publique et dans l'arrondissement.

L'arrêté du 11 septembre 1886 a réorganisé le service de la sûreté de la préfecture de police. Il se compose aujourd'hui d'un commissaire de police, chef de la sûreté, d'un commissaire de police, sous-chef de la sûreté ; de deux commis, de cinq inspecteurs principaux, de deux brigadiers, vingt sous-brigadiers et trois cents inspecteurs.

C'est le préfet de police qui nomme à ces différents emplois. La loi du 28 pluviôse an VIII article 12, l'arrêté du 12 messidor an VIII article 35 ont donné en dehors du personnel de la préfecture d'autres auxiliaires au préfet : ce sont les commissaires de police distribués dans les vingt arrondissements municipaux au nombre de 80 plus ceux de la banlieue. Les commissaires de police sont avant tout des fonctionnaires sédentaires, des magistrats chargés surtout de la procédure judiciaire.

Quant à la dépense de la police municipale, elle est supportée environ par moitié par la ville et par l'État. L'État se chargeait par le décret du 17 décembre 1854 des deux cinquièmes de la dépense. La loi du 6 juillet 1860 avait fixé la part de l'État à 3.847.000 francs, celle du 13 juin 1866 à 4.247.000 francs, celle du 13 juin 1867 à la moitié des 10.414.000 francs que nécessitait la police parisienne. Puis la loi du 25 janvier 1872 a demandé à l'État 6.929.425 francs. En 1874 le budget de la préfecture de police s'est élevé à 13.858.850 francs. Il faut y ajouter le traitement du personnel de l'administration centrale : 1.853.838 fr. celui des commissaires de police 1.263.400 francs ; le service des halles et marchés 500.000 francs, le personnel et matériel des sapeurs-pompiers 1.567.790 francs, etc. En 1875 le budget total s'élevait à 19.893.298 fr. 50.

On remarquera l'augmentation constante du budget de la police, et depuis il a fort augmenté encore, surtout après les récents attentats anarchistes. La progression est malheureusement indiscutable. Or, s'il a été nécessaire d'augmenter les crédits, c'est que la police parisienne s'est montrée chaque année insuffisante. Ceci est la preuve d'une organisation qui est peut-être entachée d'un vice, et je crois qu'il est facile de le découvrir dans son manque d'homogénéité, dans ce fait bizarre que la police n'est ni police d'État, ni police municipale, qu'elle est les deux à la fois, malheureusement pour le bon fonctionnement de ce service. Dans une capitale, comme Paris, une demi-mesure semblable n'est pas d'une irréprochable administration. Bien que j'incline vers une police d'État, et que par conséquent je désirerais voir Paris non en dehors du droit commun, je préférerais encore à l'état actuel une police purement municipale. Il ne faut pas qu'il y ait dans de tels services plusieurs responsabilités, il ne doit en être qu'une seule. Bien des conflits regrettables eussent été évités, ainsi ceux qui durèrent pendant quinze ans entre le conseil municipal et le préfet de police et qui amenèrent le gouvernement à présenter au Sénat le projet faisant de la police parisienne une police d'État.

CHAPITRE VIII

LA VILLE DE LYON. — L'AGGLOMÉRATION LYONNAISE. — LES ATTRIBUTIONS DU PRÉFET DU RHÔNE ET DES MAIRES DE L'AGGLOMÉRATION LYONNAISE.

Les articles 104 et 105 de la loi du 5 avril 1884 ont créé une situation spéciale à la police de la ville de Lyon comme à celle de l'agglomération lyonnaise.

Il n'y eut pas là une innovation; d'autres lois déjà, celles du 19 juin 1851, le décret du 24 mars 1852, la loi du 21 avril 1881 avaient soumis Lyon et les communes de l'agglomération lyonnaise à une législation exceptionnelle.

Un rapide historique est nécessaire. La loi du 18 juillet 1837 avait donné à Lyon un maire investi des mêmes attributions que les maires des autres communes de France. Le 19 juin 1851 fut promulguée une loi donnant au préfet du Rhône des attributions de police semblables à celles du préfet de police pour Lyon et les communes de la Guillotière, de la Croix-Rousse, de Vaise, Oullins, Sainte-Foy, Calluire. Les fonctions attribuées au préfet de police par le décret du 3 brumaire au IX étaient accordées au préfet du Rhône chargé de les exercer dans les communes de Villeurbanne, Vaux, Bron, Venissieux du département de l'Isère, et dans les communes de Miribel et Rillieux du département de l'Ain. La loi laissait toutefois aux maires la police de la petite voirie. Un règlement d'administration publique du 4 septembre 1851 en fixa les détails (entretien des bâtiments municipaux, arrosement, balayage etc.)

Le 24 mars 1852 un décret confie au préfet du Rhône l'administration de la ville sous le contrôle d'une commission municipale de trente membres, et annexe à la ville de Lyon les communes de la Guillotière, de la Croix-Rousse, de Vaise ; il partage Lyon en cinq arrondissements. La loi du 17 juillet 1867 divisa Lyon en six arrondissements. A la tête de chacun de ces arrondissements furent placés un maire et deux adjoints investis d'attributions analogues, à celles des maires et adjoints de Paris.

Ces attributions furent réglées par le décret du 17 juin 1852. L'article 14 de la loi du 5 mai 1855 porta en outre le nombre des membres de la commission municipale à trente-six. Le 4 septembre 1870 fut rétablie la mairie centrale. Suivant la loi du 14 avril 1871 un conseil municipal fut élu. Mais comme la loi du 19 juin

1851 ne fut pas abrogée. le préfet du Rhône continua à exercer les pouvoirs de police municipale.

L'Assemblée nationale attribua en 1873 au préfet du Rhône les pouvoirs et du préfet de la Seine et du préfet de police. La mairie centrale fut supprimée, les maires et adjoints des arrondissements furent nommés par décret. Le conseil municipal subsista néanmoins, mais la ville fut divisée en trente-six sections chargées chacune d'élire un conseiller municipal. La loi du 21 avril 1881 revint à des dispositions plus libérales. « La ville de Lyon sera soumise au même régime municipal que les autres communes de France, sauf les exceptions suivantes (Art. 1er). »

« Il y aura à Lyon un maire et douze adjoints (Art. 2). »

« La ville de Lyon continuera à être divisée en six arrondissements municipaux. Le maire déléguera spécialement deux adjoints dans chacun de ces arrondissements; ils seront chargés de la tenue des registres de l'état civil et des autres attributions qui seront déterminées par un règlement d'administration publique » (Art. 3).

Cette loi maintenait au préfet du Rhône les attributions de police que lui accordait la loi du 19 juin 1851, mais elle remettait à un règlement d'administration publique le soin de délimiter les objets de police générale qui resteraient dans le pouvoir du préfet et ceux de police municipale qui appartiendraient dorénavant au maire de Lyon. Ce règlement d'administration publique fut rendu le 11 juin 1881. L'article 73 de la loi du 5 avril 1884 l'a maintenu en vigueur pour les attributions des adjoints délégués dans les arrondissements. La loi du 5 avril 1884 est venue modifier la législation précédemment exposée par ses articles 10, 73, 104, 105. La ville de Lyon a aujourd'hui dix-sept adjoints.

Cet historique terminé, il faut aborder des attributions de police du préfet du Rhône et des maires de l'agglomération lyonnaise. Lors de la discussion de la loi du 5 avril 1884, la police municipale était exercée, selon les indications de la loi du 22 avril 1881, du règlement du 11 juin 1881, par le préfet du Rhône et par les maires de l'agglomération, mais le partage en était fort compliqué. Il y avait des situations différentes selon que les attributions du préfet se rapportaient à la ville de Lyon, aux communes du département ou à celles du département de l'Ain. Pour la ville de Lyon : la loi du 21 avril 1881 toujours en vigueur maintenait au préfet du Rhône par son article 4 les attributions que lui conférait la loi du 19 juin 1851. Le règlement d'administration publique du 11 juin 1881 délimitait les objets concernant la police générale et ceux touchant la police municipale.

Pour les communes du département du Rhône : la loi du 19 juin 1851 en vigueur donnait les attributions de police fixées par l'arrêté des consuls du 12 messidor an VIII au préfet du Rhône pour les communes de

Calcure-et-Cuire, d'Oullins, Sainte-Foy, Saint-Rambert, Villeurbanne, Vaux, Bron et Vénissieux. Toutefois le règlement d'administration publique du 4 septembre 1851 rendu en exécution de la loi du 19 juin 1851 avait donné les détails de la police municipale exercée par les maires de ces différentes communes.

Pour les communes de Rilleux et Miribel du département de l'Ain : le préfet du Rhône, suivant la loi du 19 juin 1851, exerçait les attributions du préfet de police énumérées dans l'arrêté du 3 brumaire de l'an IX, tout en exceptant toutefois celles réservées aux maires par le règlement d'administration publique du 4 septembre 1851.

Si la présente énumération des communes diffère de celle précédente, c'est que, depuis 1852, par décret du 24 mars, les communes de la Guillotière, de la Croix-Rousse et de Vaise avaient été annexées à Lyon et que les communes de Vaux, Bron, Villeurbanne et Vénissieux du département de l'Isère avaient été rattachées à celui du Rhône.

La commission de la Chambre, lors de la première délibération de la loi de 1884 demanda de réunir sous un même régime toutes les communes de l'agglomération lyonnaise. Le 26 février 1883, la Chambre accordait dans toutes ces communes au préfet du Rhône les attributions du préfet de police à Paris, tout en maintenant aux maires certaines des attributions qu'ils exerçaient sous la législation précédente. Mais la commission, entre la première et la deuxième délibération modifia le texte voté. De l'agglomération Lyonnaise elle retrancha les communes de Rilleux et Miribel et ajouta celle de Sathonay du département de l'Ain, où avait été créé un camp en 1854. De plus le nouveau texte n'accordait au préfet du Rhône dans les communes de l'agglomération lyonnaise que les *attributions du préfet de police dans les communes suburbaines de la Seine*, et encore avec des restrictions assez nombreuses, puisque les maires conservaient de nombreuses attributions de police qu'une très longue énumération puisée dans le décret du 11 juin 1881 désignait. M. Lagrange demanda de réduire encore en cette matière les droits du préfet et proposa dans la séance du 27 octobre 1883 à la Chambre l'amendement suivant:

« Dans les communes dénommées à l'article 104, les maires restent investis de tous les pouvoirs confiés aux administrations municipales par les paragraphes 1, 3, 4, 5, 6, 7 et 8 de l'article 97. »

« Pour assurer l'exécution de ses arrêtés le maire de Lyon, en outre de ses agents municipaux spéciaux, pourra requérir les commissaires de police et les gardiens de la paix. »

L'amendement ne fut pas adopté par la Chambre des députés qui le renvoya à la commission. Le 29 octobre, le rapporteur, M. de Marcère, proposa à la Chambre l'adoption du paragraphe 1 de l'amendement Lagrange, mais il demanda le rejet du deuxième paragraphe en montrant les dangers qui pourraient en résulter.

La suppression du paragraphe 3 de l'article 97 fut demandée au Sénat par la Commission qui voulait le voir retrancher des pouvoirs des maires de l'agglomération lyonnaise. Le paragraphe 3 est ainsi conçu : « Le maintien du bon ordre dans les endroits publics où il se fait de grands rassemblements d'hommes, tels que les foires, marchés, réjouissances et cérémonies publiques, spectacles, jeux, cafés, églises et autres temples publics.

En première lecture cette suppression fut accordée, mais lors de la deuxième lecture, à la demande de M. Munier, sénateur du Rhône, il y fut substitué un nouveau texte qui cette fois passa définitivement dans la loi. Ce nouveau libellé consiste à laisser aux maires les attributions du paragraphe 3 de l'article 97, en supprimant cependant ces mots : *dans les endroits où il se fait de grands rassemblements d'hommes.* Cette suppression faite pour réserver au préfet la police des réunions pouvant être la cause de troubles et de dangers pour la sécurité publique.

Quant à la commune de Pierre-Bénite, autrefois section de celle d'Oullins, érigée en commune en 1869, elle fut ajoutée à celles formant l'agglomération lyonnaise. Aujoud'hui le préfet du Rhône, outre la police générale, exerce dans l'agglomération lyonnaise les attributions de police municipale édictées par le paragraphe 2 de l'article 97 ainsi conçu « le soin de réprimer les atteintes à la tranquillité publique, telles que les rixes et disputes accompagnées d'ameutement dans les rues, le tumulte excité dans les lieux d'assemblée publique, les attroupements, les bruits et rassemblements nocturnes qui troublent le repos des habitants, et tous actes de nature à compromettre la tranquillité publique. »

C'est la loi du 10 juin 1853 réglant dans les communes de la Seine les attributions du préfet de police qui définit les pouvoirs de police du préfet du Rhône. Il faut la combiner avec les paragraphes 1, 3 (en partie) 4, 5, 6, 7, 8 de l'article 97 de la loi du 5 avril 1884. Pour toutes les difficultés s'élevant sur les attributions du préfet exercées en vertu de l'arrêté du 12 messidor an VIII et revendiquées par les maires, il conviendrait de rechercher si ces attributions ne seraient pas réservées aux maires des communes suburbaines de Paris par la loi du 10 juin 1853 ou si elles ne figureraient pas dans les paragraphes cités de l'article 97 de la loi du 5 avril 1884. Si les attributions contestées ne se trouvent ni dans l'un, ni dans l'autre de ces textes, elles appartiennent bien au préfet du Rhône qui, à part les exceptions ci-dessus mentionnées, en vertu de l'article 104, a les mêmes droits que ceux du préfet de police.

A la suite de ces dispositions, l'article 168 de la loi municipale a abrogé : la loi du 19 juin 1851, en exceptant toutefois l'article 5 créant deux secrétariats-généraux, celui de police et celui d'administration, la loi du 4 avril 1873 supprimant la mairie centrale, celle du 21 avril 1881 qui l'avait rétablie ; enfin en quatrième lieu le décret du 4 septembre 1851 réglant les attributions de police du préfet du Rhône, et des maires de l'agglomération lyonnaise et les dépenses de police pouvant être mises à la charge des communes.

On sait que les communes du département de la Seine sont soumises pour les dépenses de la police municipale à un régime particulier à elles. En suite de l'article 3 de la loi du 10 juin 1853 l'organisation de leur personnel de police et les dépenses de ce service sont réglées par les décrets du 17 novembre 1880 et 9 mars 1883. En partie l'État fait face aux dépenses par des subventions. Mais un arrêté du préfet de la Seine pris en Conseil de préfecture vient déterminer la part de chaque commune. De plus, dans le but de ne pas les écraser par de trop lourdes dépenses, proportionnellement à leurs charges, un tiers du produit de l'octroi de banlieue est réparti entre elles.

Pour l'agglomération lyonnaise voici les règles adoptées : le contingent de la ville de Lyon est fixé aux trente centièmes de la dépense par les lois du 13 mars 1873 et 8 janvier 1881. Quant aux communes de l'agglomération lyonnaise, elles n'ont jamais en fait supporté aucune dépense et il serait même maintenant impossible de leur assigner une part dans les dépenses puisque par son paragraphe II, l'article 168 a abrogé sans aucune restriction le décret des 4, 11 septembre 1851.

Ainsi le préfet du Rhône et les maires de l'agglomération lyonnaise voient leurs attributions de police bien définies par les articles 104 et 105 de la loi du 5 avril 1884 dont voici les textes :

Article 104. — « Le préfet du Rhône exerce dans les communes de Lyon, Caluire-et-Cuire, Oullins, Sainte-Foy, Saint-Rambert, Villeurbanne, Vaux-en-Velin, Bron-Vénissieux et Pierre-Bénite du département du Rhône, et dans celle de Sathonay du département de l'Ain, les mêmes attributions que celles qu'exerce le préfet de police dans les communes suburbaines de la Seine. »

Article 105. — Dans les communes dénommées à l'article 104, les maires restent investis de tous les pouvoirs de police conférés aux administrations municipales par les paragraphes 1, 4, 5, 6, 7 et 8 de l'article 97. »

« Ils sont, en outre, chargés du maintien du bon ordre dans les foires, marchés, réjouissances et cérémonies publiques, spectacles, jeux, cafés, églises et autres lieux publics. »

CHAPITRE IX

DES MAIRES.

Les attributions de police des maires peuvent être envisagées à un triple point de vue : celles qui touchent à la police générale, celles de police municipale et de police rurale, celles de police judiciaire.

C'est en sa qualité de magistrat que le maire se trouve investi, soit sous l'autorité, soit sous la surveillance de l'administration supérieure de pouvoirs de police fort importants.

La loi du 18 juillet 1837, article 9, place le maire en ce qui concerne ses attributions de police générale sous l'autorité absolue des préfets. Ici le maire est regardé comme un simple fonctionnaire. La loi le charge de l'exécution de toutes les mesures de sûreté générale, de celles des lois et règlements. Les attributions des maires touchant la police se classent en deux catégories bien distinctes : celles exercées par lui en vertu d'un pouvoir propre; celles à lui attribuées par une sorte de délégation de l'Etat. C'est dans ces dernières qu'il faut placer son droit de surveillance, et les mesures par lui prises visant la sûreté générale.

Dans son article 49, la loi du 14 décembre 1789, spécifiait cette distinction : « Les corps municipaux auront deux espèces de fonctions à remplir, les unes propres au pouvoir municipal, les autres propres à l'administration générale de l'Etat et déléguées par elle aux municipalités ». Les attributions propres des maires s'exercent sous le contrôle du conseil municipal et la surveillance de l'administration supérieure (article 90 de la loi du 5 avril 1884); les attributions dévolues au maire comme délégué du pouvoir central s'exécutent sous l'autorité de l'administration supérieure (article 92).

Lors de la rédaction de la loi on discuta si les pouvoirs municipaux, et notamment ceux de police, seraient réunis aux mains d'une autorité unique, ou bien au contraire, confiés à des assemblées collectives, comme en Italie à la junte, en Hollande, en Belgique au collège des bourgmestres et échevins, en Allemagne aux magistrats. Le principe du maire unique triompha comme conforme à notre droit national.

Que dit sur les attributions de police du maire, agent du pouvoir central, la nouvelle loi municipale? Elle ne fait que répéter en intervertissant un peu l'ordre dans son article 92 ce que disait l'article 9 de la loi du 18 juillet 1837. L'article 92 porte que « le maire est chargé, sous l'autorité de l'administration supérieure : 1° de la publication et de l'exécution des lois et règlements; 2° de l'exécution des mesures de sûreté générale ; 3° des fonctions spéciales qui lui sont attribuées par les lois ».

Le maire agit comme simple agent du pouvoir central. Aussi est-il placé *sous l'autorité* et non pas *sous la surveillance* de l'autorité supérieure. S'il résiste aux ordres reçus, le préfet puisera dans l'article 85 le droit d'exécuter lui-même, ou de faire exécuter par un délégué les mesures que le maire a refusé d'accomplir. La loi municipale s'est bornée à énumérer les diverses matières où le maire agit en cette qualité. Pourquoi? parce qu'elles ont été réglées par des lois spéciales. Le maire pourvoit à l'exécution des règlements généraux de police en les faisant strictement observer, en prenant lui-même des arrêtés les concernant. Pour l'exécution des mesures de sûreté générale, le maire n'a absolument aucun pouvoir propre. Le préfet lui donne ses ordres, ou même s'adresse directement aux agents chargés du service de la police (1).

Les attributions de police des maires ont été modifiées par la loi nouvelle, l'article 10 de la loi du 18 juillet 1837 disait textuellement : « Le maire est chargé

1. Voir la circulaire du ministre de l'Intérieur du 3 novembre 1867.

sous la surveilance de l'administration supérieure : de la police municipale, de la police rurale et de la voirie municipale et de pourvoir à l'exécution des actes de l'autorité supérieure qui y sont relatifs. »

Le nouveau texte (article 91) dit à son tour : « Le maire est chargé, sous la surveillance de l'administration supérieure de la police municipale, de la police rurale, et de l'exécution des actes de l'autorité supérieure qui y sont relatifs ».

Mais ces pouvoirs spéciaux attribués aux maires sont soumis à des recherches particulières qui déjà ont été vues dans l'étude de l'article 99 et à d'autres attributions énumérées dans l'article 95. Les attributions de police municipale conférées au maire ont été déterminés par l'article 50 de la loi du 14 décembre 1789, l'article 3, titre XI, de la loi des 16-24 août 1790, et l'article 46 de la loi des 19-22 juillet 1791.

Lors de la discussion de la loi de 1884, le gouvernement, par l'organe de M. Jules Simon, avait présenté un projet de loi ne réunissant pas comme le fait l'article l'article 10 de la loi du 18 juillet 1837 les attributions du maire en fait de police et en fait de voirie. Deux sections. Une spéciale pour la police municipale et rurale intitulée : « Attributions exercées par le maire, sous la surveillance de l'administration supérieure, comme préposé à la police municipale et à la police rurale. » Quant à la voirie municipale elle restait dans le titre III de la loi et était dirigée sous le contrôle du conseil municipal, par le maire, en qualité de préposé à la gestion des intérêts communaux.

C'était une distinction rationnelle puisque le maire exerce les unes seul, les autres sous le contrôle du conseil municipal. La commission ne l'adopta point. Elle proposa ces divisions : attributions exercées par le maire comme préposé à la gestion des intérêts communaux ; attributions exercées par le maire comme agent du pouvoir central.

Quant aux attributions de police municipale et rurale, elle les conserva dans le premier chapitre tout en déclarant que le maire agissait dans ce cas *sous l'autorité* de l'administration supérieure. Puis elle plaça dans un deuxième chapitre sous ce titre : Attributions exercées par le maire comme agent du pouvoir central, les articles qui lui donnaient l'exercice de ces pouvoirs de police.

On se borna à supprimer l'intitulé des deux chapitres.

Ainsi les attributions de police des maires se présentent sous un double aspect. Le maire agit sous la surveillance de l'autorité supérieure. Mais n'est-ce pas la même chose lorsqu'il exerce ses pouvoirs propres. C'est un pouvoir spécial, mais qui vient restreindre l'article 95, qui permet l'annulation des arrêtés et l'article 99 qui permet la substitution de l'autorité supérieure dans les cas de sûreté, salubrité et tranquillité publiques.

On a critiqué vivement cet empiètement de l'administration supérieure sur les attributions des maires.

Mais le ministre de l'Intérieur montra, le 6 mars 1884, au Sénat, l'impossibilité d'agir autrement.

Comment faire du service de la police quelque chose d'exclusivement municipal ? Ce point fut précisé déjà par la circulaire du 3 novembre 1867 du ministre de l'Intérieur aux préfets et qui restituait aux maires des chefs-lieux leurs attributions de police.

Après la loi du 5 avril 1884 nouvelle circulaire en ce sens du 15 mai 1884:

Comment les maires veillent-ils à la police municipale et rurale ? En prenant : 1o des arrêtés (article 94) ; 2o en assurant l'exécution des lois et des règlements généraux de police (article 94). Pour le second cas ils poursuivent tous les contrevenants à ces lois ou règlements, ou bien prennent eux-mêmes sur la matière des arrêtés spéciaux. C'est à quoi fait allusion la fin de l'article 91 en chargeant le maire de veiller à l'exécution des actes de l'autorité supérieure relatifs aux polices municipales et rurales.

Pour apprécier dans toute leur étendue, les attributions de police municipale et rurale des maires, le mieux est d'étudier les articles de la loi municipale du 5 avril 1884 qui s'y rapportent.

Des arrêtés des maires.

Tout ce qui concerne les arrêtés municipaux se trouve contenu dans les articles 94 et 95 de notre nouvelle loi municipale qui les a pris elle-même dans l'article 11 de la loi du 28 juillet 1837.

Confier aux maires la police municipale et rurale et ne pas leur donner le droit de prendre des arrêtés, c'eût été les investir de fonctions qu'ils n'auraient pu remplir. Aussi le législateur ne leur a pas refusé cette sorte d'autorité quasi législative en leur donnant le droit de prendre des arrêtés réglementaires. Il n'a fait aucune distinction avec les arrêtés d'autres autorités et les a protégés par des sanctions pénales (Code pénal, articles 471 paragraphe 15 et 474). Sur quels objets le maire peut-il prendre ses arrêtés ? L'article 94 répond à la question en disant qu'il ordonne les mesures locales sur les objets confiés par les lois à sa vigilance et à son autorité. Dans ce cadre, à la condition de respecter les principes du droit public et administratif, le maire peut ordonner toutes les mesures qui lui sembleront nécessaires et encore voit-il son pouvoir restreint par le recours que peuvent exercer contre ses arrêtés les citoyens, soit devant les tribunaux libres d'apprécier leur légalité, soit devant le Conseil d'Etat, juge des excès de pouvoir, soit devant le Préfet dont le droit va jusqu'à l'annulation. Il est hors de doute que le maire ne peut prendre des arrêtés contraires à ceux des préfets, ou aux décrets, mais il peut les compléter.

Les arrêtés municipaux pris légalement peuvent être généraux ou spéciaux (1). Ils obligent tous les individus qui se trouvent sur le territoire de la commune, même étrangers. Le maire ne peut jamais dispenser un citoyen de leur exécution. Mais ces arrêtés n'ont force obligatoire que sur le territoire de la commune.

Ainsi la Cour de Cassation a rendu un arrêt le 20 mars 1884 (2) déclarant nul l'arrêté municipal fixant le tarif des omnibus de la Compagnie d'omnibus d'Alger en dehors des limites de la commune. Mais l'autorité de ces règlements ne saurait être affaiblie par un usage ou une tolérance administrative. Les arrêts municipaux restent obligatoires tant que l'autorité supérieure ne les a pas expressément abrogés. C'est l'opinion de la Cour de Cassation pour les arrêtés antérieurs aux lois de 1837 et 1884 et celle du ministre de la justice (circulaire du 23 août 1884).

L'article 92 a montré le droit des maires de publier à nouveau les lois et règlements ; c'est là le numéro 2 de l'article 94.

Cette autorité du maire de prendre des arrêtés re-

1. Cassation, 19 décembre, 1883 affaire Gauthier ; arrêts du 19 juin 1887, 12 février 1881, affaires Léger, Chesnier, Duchesne, cités dans Morgand. La loi municipale art. 94.

2. *Revue générale d'administration* 1884, tome II. page 68.

çoit des limites dans la nécessité où il se trouve d'adresser au sous-préfet et au préfet, dans l'arrondissement chef-lieu, ses arrêtés. Si l'arrêté est temporaire et qu'aucune opposition vienne de l'administration il sera de suite exécutoire. S'il est permanent, son exécution ne pourra avoir lieu qu'un mois après la remise de l'ampliation à la préfecture ou à la sous-préfecture. Mais le préfet a, dans tous les cas, le pouvoir de suspension indéfinie ou d'annulation. Comme le montrent la circulaire ministérielle du 1er juillet 1840 et l'arrêt du Conseil d'Etat dans l'affaire de la commune de Saiyon (arrêt du 11 août 1859 (1), il y a deux motifs à ce pouvoir de l'autorité préfectorale ; le maire, même agissant en vertu d'un pouvoir propre, n'agit que sous la surveillance de l'autorité supérieure ; de plus cette surveillance empêche ou interdit les abus graves.

Le dernier paragraphe de l'article 95 autorise l'exécution immédiate des arrêtés permanents, mais seulement en cas d'urgence. Cette décision pour trancher la controverse existant entre la circulaire du ministre de l'Intérieur du 1er juillet 1840 affirmait le droit du préfet de devancer le délai en cas d'urgence et la cour de Cassation qui dans son arrêt du 12 mars 1868 maintenait le délai d'un mois. (Morgand art. 95).

Quant à l'article 96, c'est une innovation, il n'a pas de correspondant dans aucune loi municipale antérieure.

1. Morgand, *La loi municipale* art. 94 tome II.

Il a été emprunté par le ministre de l'Interieur, Jules Simon, à l'article 1er du code civil spécifiant que les lois ne sont obligatoires que du jour de leur promulgation. Il en sera de même dorénavant pour les arrêtés municipaux. Ceux qui s'adressent à tous les citoyens seront portés par la publication et l'affichage à leur connaissance. La proclamation n'est plus nécessaire, bien que pouvant être faite. Les arrêtés individuels prennent vigueur par la notification à l'intéressé de toutes les dispositions de l'arrêté. Il devra en être donné récépissé. Un registre obligatoire est tenu sur lequel sont transcrits tous les arrêtés. Le maire doit constater par une déclaration sur registre spécial la publication et l'affichage. Toutes ces dispositions *sont prescrites par la loi* à peine de nullité.

La police municipale.

Ce titre n'est pas exagéré ; l'article 97 est à lui seul tout le code de la police municipale. Ici. comme précédemment, l'étude des différentes matières dans les paragraphes de l'article 97 ne sera faite que rapidement.

Cet article a été puisé dans le décret du 14 décembre 1789 *in fine* et dans la loi des16-24 août 1790, titre XI, article 3. Le premier paragraphe. « La police municipale a pour objet d'assurer le bon ordre, la sûreté et la salubrité publiques » qui ne figurent pas dans le texte primitif fut ajouté sur la demande de M. Peulevey y compris le paragraphe : « la police comprend *notamment...* » pour bien montrer que l'énumération n'était pas limitative.

Le numéro I commence par parler de la sûreté et de la commodité du passage dans les rues, quais, places et voies publiques. C'est-là le premier objet de la police municipale. Cette police comprend : 1° le nettoiement ; 2° l'éclairage ; 3° l'enlèvement des encombrements ; 4° l'interdiction de rien exposer aux fenêtres : 5° la démolition ou la réparation des édifices menaçant ruine ; 6° l'interdiction de rien exposer aux autres parties des édifices qui puissent nuire par sa chute.

En ce qui concerne le nettoiement des rues le maire a le droit exclusif de prendre des arrêtés. Cependant, d'après l'article 99, le préfet aurait néanmoins le droit de prescrire l'enlèvement des immondices de la voie toutes les fois qu'il y a un intérêt de salubrité publique (Cour de cassation, arrêt du 13 novembre 1884 : préfet de la Corse) (1). Tout propriétaire est tenu d'exécuter l'arrêté du maire devant sa propriété. En cas de neige, le maire peut ordonner la mise en tas de la neige, mais il faudrait, pour qu'il eût ce droit, que l'abondance de la neige prît le caractère d'une calamité publique, par exemple, en interrompant toute communication.

1. Morgand. *La loi municipale.* Tome 2, p. 40.

L'éclairage des rues ne résulte pas de la loi, mais des arrêtés municipaux et n'oblige que les personnes qu'ils désignent. Par contre le code pénal, article 471 n° 4, paragraphe 2, fait résulter de la loi même l'obligation d'éclairer la nuit entière (2), les amas de matériaux et tous les objets gênant la circulation. Quant aux voitures circulant la nuit, l'obligation de les éclairer résulte des articles 15 et 28 du règlement d'administration publique du 10 août 1852. L'enlévement des encombrements est sanctionné par l'article 471 n° 4 du code pénal qui frappe : « ceux qui auront embarrassé la voie publique en y déposant ou en y laissant sans nécessité des matériaux ou des choses quelconques qui empêchent ou diminuent la liberté ou le passage. » Le maire n'a donc le droit de soumettre à une autorisation préalable que les dépôts prévus ou volontaires, puisque les dépôts accidentels imprévus ou de force majeure ne sont pas punissables. Quand la nécessité n'existe pas le maire a le droit de réglementer à son gré.

Le maire a le droit de fixer les stationnements de voitures. Il a même le droit de donner à des compagnies le monopole des transports, ainsi, à Paris, la compagnie des omnibus ; ce droit paraît éxorbitant. Le maire peut interdire le passage des voitures sur une promenade publique (1) dans certaines rues, durant les

2. *Id*, p. 41.

1. Affaire Pascal, Conseil d'État 27 janvier 1882. Morgand Tome II page. 45.

marchés ou les jours de fête. Ainsi aussi celui d'interdire sur certaines promenades le passage des voitures de charge. A Paris de pareilles interdictions existent pour nombre de voies (Champs-Elysées. Allées des bois de Boulogne et de Vincennes).

La police municipale comprend encore numéro 2 : « Le soin de réprimer les atteintes à la tranquillité publique, telles que les rixes et disputes accompagnées d'ameutements dans les rues, le tumulte excité dans les lieux d'assemblée publique, les attroupements, les bruits et rassemblements nocturnes qui troublent le repos des habitants et tous actes de nature à compromettre la tranquillité publique. »

L'étude de ce paragraphe se divisera en deux parties : les actes visés par lui spécialement, ceux qu'il ne vise pas.

Les tumultes dans les lieux d'assemblées publiques, ce sont ceux qui ont lieu dans les réunions publiques ou dans les assemblées sur la voie publique.

Dans les réunions publiques le maire ou un fonctionnaire qu'il désigne peut assister à la réunion et choisir même sa place. Le maire a le devoir de faire cesser les désordres dans les réunions publiques. Mais la dissolution de la réunion n'appartient qu'au bureau à moins de collisions ou de voies de fait (Loi du 30 juin 1881, article 9). Dans ce dernier cas le maire a le droit de dissoudre la réunion. Ainsi le préfet qui avait pris la direction de la police à Carmaux lors des derniers incidents qui eurent lieu à l'occasion du passage de M. Jaurès et des députés socialistes donna pleins pouvoirs au commissaire de police chargé de représenter l'administration préfectorale et celui-ci prononça la dissolution de la réunion où parlait M. Jaurès, ce qui amena l'interpellation que l'on sait au ministre de l'Intérieur à la Chambre. Du reste la loi du 30 juin 1881 sur les réunions publiques est venue formellement déclarer que la liberté de réunion ne diminuait en rien les droits que donnaient à l'autorité municipale l'article 3 de la loi des 16-24 août 1790, l'article 9 de la loi des 19-22 juillet 1791, et les articles 9 et 15 de la loi du 18 juillet 1837. Les paragraphes 2 et 3 de l'article 97 reproduisent les dispositions de l'article 3 de la loi des 16-24 août 1790. L'article 9 de la loi des 19-22 uillet 1791 porte que « à l'égard des lieux où tout le monde est admis indistinctement, tels que cafés, cabarets, boutiques et autres, les officiers de police pourront toujours y entrer, soit *pour prendre connaissance des désordres* ou contraventions aux règlements, soit pour vérifier les poids et mesures, le titre des matières d'or et d'argent, la salubrité des comestibles et médicaments. » Enfin les articles 9 et 15 de la loi du 18 juillet 1837 sont remplacés par les articles 85, 92 et 99 de la loi du 5 avril 1884.

La police de la rue donne au maire mission de disperser les attroupements armés ou non après avoir observé les formalités d'usage. Le maire a droit de requérir le commissaire de police et tout agent dépositaire de la force publique. Quant aux bruits, aux rassemblements nocturnes, le maire peut prendre des arrêtés pour prévenir ceux non visés dans les articles 479 et 480, 5° du Code pénal. La sanction de ces arrêtés serait naturellement dans la sanction pénale attachée aux arrêtés de police. Ainsi on a vu des maires *prendre des arrêtés interdisant des professions nocturnes par trop bruyante*. Mais son autorité ne va pas jusqu'à prendre des mesures incompatibles avec la liberté du travail. Il a été jugé qu'il ne pouvait reléguer certaines industries dans des quartiers spéciaux. Vouloir donner une énumération complète des objets sur lesquels le maire exerce son droit de police est ici impossible. Aussi allons nous voir d'autres matières.

Les crieurs publics formèrent jusqu'en 1790 une corporation qui fut supprimée à cette époque. La loi du 16 février 1834 interdit à toute personne de crier sur la voie publique sans une autorisation municipale. Bien que la loi du 29 juillet 1881 sur la presse ait abrogé la précédente, le droit de police du maire lui permet toujours d'empêcher les cris sur la voie publique sans une autorisation préalable. Il peut réglementer la façon de crier les journaux, ainsi a été fait à Paris. C'est dans ce sens que le tribunal de Besançon s'est prononcé par jugement du 3 août 1882 (1), c'est

1. *Revue générale d'administration*, tome III, p. 70, 1882.

dans ce sens aussi que la cour de cassation a rendu un arrêt (19 décembre 1884) (1). A Paris, le préfet de police investi des attributions du maire en ce qui touche la police, a pris une ordonnance portant défense de crier autre chose que le titre du journal.

Une question qui fut très longtemps discutée est celle de savoir si le maire a le droit d'interdire les cortèges et les processions. D'abord un premier cas où il faut écarter toute controverse puisqu'il y a texte de loi ; celui précisé par l'article 45 de la loi organique du 18 germinal an X, interdisant hors des édifices consacrés au culte catholique toute cérémonie religieuse lorsqu'il y aurait dans la même ville d'autres temples affectés à des cultes différents. Nous n'hésitons pas à affirmer le droit du maire d'interdire toute procession ou cortège sur la voie publique, droit s'appuyant sur l'article 97. Le conseil d'État a toujours refusé le recours pour excès de pouvoir, n'admettant que le recours à l'autorité supérieure et le recours comme d'abus (2).

Nous passons maintenant à une autre catégorie d'attributions, celles visées par le numéro 3 : « Le maintien du bon ordre dans les endroits où il se fait de grands rassemblements d'hommes, tels que les foires,

2. Morgand, tome II, page 54.

1. Conseil d'Etat, 22 décembre 1876 et 23 mai 1879. *Revue générale d'Administration*, 1879, tome II, 25 mai 1855, page 326.

marchés, réjouissances et cérémonies publiques, spectacles, jeux, cafés, églises et autres lieux publics. » Remarquons que cette énumération n'est pas limitative, le paragraphe lui donne la police de tous les lieux publics.

Quant aux marchés et foires les mesures prises par les maires cherchent à atteindre un triple but : 1° approvisionnement du marché, fidélité des marchandises, protection des acheteurs contre l'accaparement des gros revendeurs. Aussi les magistrats municipaux ont-ils le droit de désigner l'emplacement des différentes marchandises, de prononcer l'interdiction de vendre autre part qu'aux endroits par eux désignés, de faire défense aux gros revendeurs d'acheter avant une heure déterminée.

Pour les fêtes ou cérémonies publiques, il faut distinguer les fêtes nationales ou locales. Si c'est une fête nationale, au Préfet seul à transmettre aux maires l'ordonnance de la fête et les dispositions à prendre. Lui-même a reçu ces ordres, en vertu du décret du 24 messidor an XII, titre I, article 5, du ministre de l'Intérieur. S'il n'y a que fête locale, le maire n'agit plus en vertu d'une délégation de l'administration, mais de lui-même et alors ses arrêtés ne sont soumis qu'à la suspension ou annulation du préfet. La police des théâtres rentre dans les attributions du maire qui est tenu de veiller au maintien des divers règlements sur les théâtres, (arrêté du directoire exécutif du 1er germinal an VII, décret du

6 janvier 1864). Le maire partage avec le préfet la police des théâtres, le préfet ayant le droit de prendre des arrêtés d'ensemble pour le département. La loi des 16-24 août 1790 donne la surveillance des théâtres à la police municipale ; ainsi que la loi des 13-19 janvier 1791, article 6 : En un mot les maires ont la police des théâtres avec les préfets, mais ils ne doivent pas approuver les pièces qu'un arrêté préfectoral a refusé d'accepter. La police des concerts et autres spectacles divers est surtout locale, mais le maire doit se conformer aux arrêtés préfectoraux applicables à tout le département Les bals publics sont sous la dépendance absolue de la police qui peut les réglementer, comme les interdire. La loi du 29 décembre 1851 soumettait à l'autorisation préfectorale l'ouverture des cafés, cabarets et autres débits de boissons, la loi du 17 juillet 1880 a supprimé la nécessité d'une telle autorisation et l'a remplacée par une déclaration à la mairie, faite quinze jours d'avanec (1). Cette déclaration est transmise dans les trois jours au procureur de la République. Mais la loi de 1880 maintient les droits de surveillance du maire. Il peut, le conseil municipal entendu, prendre un arrêté défendant l'ouverture de cafés dans un certain rayon des monuments consacrés aux cultes ou à l'instruction publique ; réglementer l'heure et la fermeture des débits. Même s'il y a arrêté préfectoral, il a le droit de faire

1. Article 1er de la loi du 17 juillet 1880.

un réglement plus sévère : d'interdire des chants ; de donner à boire aux enfants et aux filles publiques ; de porter interdiction à tous de fréquenter un café, une fois l'heure de la fermeture etc. La police municipale s'exerce aussi sur les auberges et les garnis. Le maire peut exiger la tenue de registres où seront inscrits les voyageurs avec obligation de les présenter à la réquisition des employés de la mairie.

Le paragraphe 3 parle aussi des églises. Ici distinction à faire ; la police sacerdotale, en vertu d'une décision ministérielle du 27 pluviose an XIII appartient au curé, mais le droit d'assurer l'ordre dans les églises, lieux publics, reléve de l'autorité municipale.

Quelques mots encore sur certains établissements tels que les bains, les maisons de tolérance etc. Les établissements de bains, des lieux publics, sont sous la surveillance de l'autorité municipale. Les maisons de tolérance, se trouvent dans l'entière dépendance de la police municipale. Enfin le maire a la police de tous les autres lieux publics.

Le paragraphe 5 nous donne une autre attribution de la police municipale : « L'inspection sur la fidélité du débit des denrées qui se vendent au poids ou à la mesure, et sur la salubrité des comestibles exposés en vente ».

C'est l'ordonnance du 17 avril 1839 qui, la première, rappelle que le maire est au nombre de ceux qui doivent veiller au débit des marchandises qui se vendent au poids et à la mesure. Le maire peut exiger que l'acheteur ne soit point trompé sur le poids comme sur la nature de la denrée. Mais le maire n'aurait pas celui d'exiger l'indication par le marchand des défectuosités de la marchandise. Le maire a le droit pour remplir sa mission, de pénétrer dans les magasins. L'article 27 de l'ordonnance du 17 avril 1839 reconnaît au maire la surveillance des bureaux publics de pesage dépendant de l'administration municipale.

Le maire est également chargé par l'article 97 numéro 5, de veiller à la salubrité des comestibles mis en vente et de rappeler les prohibitions légales contre les falsificateurs et les vendeurs de comestibles corrompus ou nuisibles, prohibitions édictées par le code pénal modifié par les lois du 27 mars 1851 et 5 mai 1855. Le maire a aussi le droit d'établir des taxes sur le pain et la viande en vertu de l'article 30, titre 1er de la loi du 19 juillet 1791 qui porte : « La taxe des subsistances ne pourra avoir lieu provisoirement dans aucune ville ou commune du royaume que sur le pain et la viande de boucherie, sans qu'il soit permis en aucun cas de l'étendre sur le vin, sur le blé et les autres grains, ni autre espèce de denrées, et ce sous peine de destitutions des officiers municipaux.

Le paragraphe 6 confie au maire : « le soin de prévenir, par des précautions convenables, et celui de faire cesser, par la distribution des secours nécessaires, les accidents et les fléaux calamiteux, tels que les incendies, les inondations, les maladies épidémiques ou contagieuses, les épizooties, en provoquant, s'il y a lieu, l'intervention de l'administration supérieure. » C'est la reproduction à peu près textuelle du paragraphe 5 de l'article 50 du décret du 14 décembre 1789. Le paragraphe 6 de l'article 97, ajoute les *inondations* et les *maladies contagieuses.*

L'autorité municipale, pour prévenir les incendies, a le droit d'interdire aux particuliers de couvrir ou de construire leurs maisons avec des matériaux inflammables (1). C'est un droit qui appartient également au préfet qui peut prendre un arrêté dans le même sens pour tout le département. Mais les arrêtés pris par les maires sont surtout des arrêtés portant des mesures préventives pour l'avenir. Le maire n'aurait pas le droit d'édicter des mesures pouvant entraîner la modification des constructions déjà existantes. Le maire a le droit et le devoir de faire visiter les fours et cheminées éloignés de moins de 100 toises des habitations et d'ordonner leur réparation (loi du 6 octobre 1791, titre II, article 9). En cas de sinistre ou d'incendie, le maire partage avec l'autorité préfectorale le droit d'assurer l'ordre public. Du reste, l'article 20 du décret du 28 décembre 1875 limite ses pouvoirs. Le maire a aussi dans cette circonstance droit de requérir tous les citoyens.

1. Casstion, 23 avril 1819, 12 décembre 1855, 12 mars 1858 : Morgand, tome II, page 86.

Arrivant à l'étude des mesures de salubrité prises contre les épidémies, nous allons voir combien sont étendus les pouvoirs du maire. Nous devons d'abord remarquer que l'article 50 du décret du 14 décembre 1789 ne parlait que des épidémies. La Chambre, après le discours de M. Peulevey (1) a préféré l'expression plus large de « maladies épidémiques ou contagieuses ». Il y a deux sortes de mesures à prendre : celles pour combattre le mal et l'enrayer ; celles pour le prévenir et l'empêcher de se propager. Les premières consisteront à faire soigner toute personne atteinte, à établir un corps médical, à préparer des ambulances, à veiller aux soins à prodiguer aux malades indigents ; enfin si ces ressources ne sont pas suffisantes à en référer à l'autorité supérieure.

Le maire a le droit d'exiger des propriétaires l'assainissement des fossés, la suppression de mares d'eaux stagnantes, pourvu qu'il n'indique pas les mesures qui devront être prises pour exécuter ces travaux. Le maire a également droit d'interdire l'agglomération des animaux.

Il reste à examiner la police sur les logements insalubres. Le décret du 15 octobre 1810, l'ordonnance du 14 janvier 1815 les ont soumis à certaines conditions. Deux cas peuvent se présenter : les établissements fonc-

1. Chambre. Séance du 26 février 1883. Voir *Journal Officiel* du 27 février 1883.

tionnant sans autorisation, les établissements sont munis d'une autorisation régulière. N'ont-ils pas d'autorisation, les pouvoirs concédés au maire par l'article 97 ont force de loi, ce magistrat peut prendre toutes les mesures utiles à la salubrité publique, au besoin faire fermer l'établissement. L'établissement est-il régulièrement autorisé, le maire ne peut prendre aucun arrêté aggravant sa situation, ni lui désigner un emplacement. Mais l'industriel doit se conformer aux prescriptions générales des arrêtés municipaux.

Dans les circonstances de dangers imminents les pouvoirs des maires grandissent. Ainsi un maire a demandé l'autorisation d'abattre, pendant une épidémie, des immeubles contaminés ; le Ministre de l'Intérieur lui en a donné permission en lui enjoignant d'employer la procédure d'immeubles menaçant ruine, mais ce sont là des cas d'urgence, hors ces circonstances le maire fera sagement de s'en référer aux lois du 3 mai 1841 et 13 avril 1850 qui lui donnent des moyens préventifs pour assurer la salubrité publique.

Si nous passons à l'étude de la nouvelle réglementation sur les épizooties édictée par la loi du 21 juillet 1881, complétée par le règlement d'administration publique du 22 juin 1882 et la circulaire du ministre de l'agriculture du 20 août 1882, nous verrons qu'ils laissent peu d'initiative aux maires qui n'ont qu'à poursuivre l'application de ces lois ou règlements. Mais l'article 97 va s'appliquer dès lors qu'il s'agira de prendre des mesures préventives.

Le paragraphe 7 a trait aux mesures à prendre contre les aliénés. Ce paragraqhe, comme le suivant, est tiré du numéro 6 de l'article 50 du décret du 14 décembre 1789. La police municipale a également pour objet « de prendre provisoirement les mesures nécessaires contre les aliénés dont l'état pourrait compromettre la morale publique, la sécurité des personnes ou la conservation des propriétés. » La nouvelle loi s'est inspirée de la loi du 30 juin 1838 qui considère les aliénés comme des malades dignes de pitié. Le maire a le droit dit, l'article 19 de la loi de 1838 « en cas de danger imminent, attesté par le certificat d'un médecin ou par la notoriété publique, d'ordonner, à l'égard des personnes atteintes d'aliénation mentale, toutes les mesures provisoires nécessaires, à la charge d'en informer dans les vingt-quatre heures le préfet qui statuera ». L'article 18 de cette loi donne au préfet seul le droit de placer d'office dans les établissements d'aliénés, les aliénés dont l'état compromet l'ordre et la sécurité publics.

Le dernier paragraphe de l'article 97 ordonne aux maires « d'obvier ou de remédier aux événements fâcheux qui pourraient être occasionnés par la divagation des animaux malfaisants ou féroces. »

Nous en avons terminé avec l'article 97, nous abordons maintenant l'article 98 qui lui n'a pas de correspondant dans la législation antérieure. Cet article vise les droits des maires sur la police des routes nationales, départementales ou autre voies de communication dans l'intérieur des agglomérations, *mais seulement en ce qui touche à la circulation sur les dites voies.*

Tout d'abord le texte de cet article formait le paragraphe 2 de l'article 97. On y avait omis l'importante restriction « en ce qui touche à la circulation » M. Lorois, dans la séance du 26 février 1883 fit remarquer que cette omission dépouillait l'autorité supérieure de son droit sur la grande voirie. On reconnut la justesse de ses observations ou pour mieux préciser on en fit une disposition spéciale : l'article 98.

Les lois des 7-14 octobre 1790, article 1er, 4 mai 1864, l'Instruction ministérielle du 6 décembre 1870, article 276, le règlement général sur les chemins vicinaux, article 175, donnent au préfet le droit d'accorder les autorisations de bâtir comme de délivrer les alignements individuels, et s'il est dressé un plan général d'alignement, ce droit passe au sous-préfet. La loi de 1884, article 98 a innové. Elle décide que pour les autorisations de bâtir, les alignements individuels, les alignements de voirie, l'autorité supérieure devra, avant de donner permission, prendre l'avis du maire. La circulaire ministérielle du 15 mai 1884 explique les motifs qui ont dicté au législateur cet article. Cette disposition permettra au maire « de revendiquer, en temps opportun, le droit de statuer lui-même sur les demandes de sa compétence lorsque les pétitionnaires considéreront comme appartenant à la grande voirie, à la grande ou à la moyenne vicinalité des voies publiques ou sections de voie publique, appartenant exclusivement à la voie urbaine ou à la petite vicinalité. Elle donnera, en outre, au maire le moyen de fournir, au moment utile, des renseignements qui éclaireront l'administration supérieure sur les inconvénients que pourraient entraîner certaines permissions au point de vue soit des services municipaux (éclairage, distribution d'eau, égouts, etc...) soit de la commodité, de la liberté ou de la sécurité de la circulation. »

On avait discuté à la Chambre une procédure spéciale en cas d'avis défavorable du maire et de désaccord avec l'autorité supérieure. Mais le Sénat a supprimé même le recours à l'autorité supérieure et a laissé le préfet ou le sous-préfet libre d'agir, en passant outre à l'avis défavorable du maire. Le Ministre de l'Intérieur a fixé ainsi aux préfets comment ils devaient comprendre la loi : « L'avis défavorable du maire ne sera pas un obstacle légal à ce qu'une décision intervienne immédiatement. Toutefois dans les cas où il n'y aura pas urgence et où la difficulté soulevée par le maire présentera de la gravité, il conviendra de me la soumettre avant la décision. Je vous ferai connaître mon appréciation le plus tôt possible, après avoir provoqué les observations de M. le Ministre des Travaux Publics, quand la question intéressera la grande voirie. (Circulaire du 15 mai 1884).

Le maire ayant la police des routes nationales, départementales et autres voies de communication a reçu le droit d'accorder des permis de stationnement, et ce droit fait l'objet des paragraphes 2 et 3 de l'article 98. « Il peut, moyennant le paiement des droits fixés par l'article 7 de la loi du 11 frimaire an VII, donner des permis de stationnement *ou de dépôt temporaire* sur la voie publique, sur les rivières, ports et quais fluviaux et autres lieux publics ».

« Les alignements individuels, les autorisations de bâtir, les autres permissions de voirie sont délivrées par l'autorité compétente, après que le maire aura donné son avis dans le cas où il ne lui appartient pas de les délivrer lui-même ». Remarquons de suite que les mots de dépôt temporaire n'existaient pas dans le texte primitif. Il est hors de doute que les actes d'usage nécessaire momentané tels que stationnement de voitures aux portes des habitations, dépôt d'objets destinés à être entrés dans les maisons échappent à toute autorisation. Cependant on remarquera que la jurisprudence de la Cour de Cassation en ce qui concerne les dépôts sur la voie publique, se montre très restrictive. Hors ces cas le maire a le droit d'autoriser tout stationnement ou dépôt sur la voie publique, sur les trottoirs, et ce à propos de stationnements comme des dépôts : étalages mobiles, terrasses des cafés etc... Notons que le maire ne peut accorder que des autorisations temporaires, et surtout que ces permissions ne sont données que moyennant une redevance (1).

Avec le dernier paragraphe de l'article 98 vient un autre ordre de question : « Les permissions de voirie à titre précaire ou essentiellement révocables sur les voies publiques qui sont placées dans les attributions du maire et ayant pour objet, notamment l'établissement dans le sol de la voie publique des canalisations destinées au passage ou à la conduite, soit de l'eau, soit du gaz, peuvent, en cas de refus du maire non justifié par l'intérêt général, être accordées par le préfet ». Ici il ne s'agit plus de droits sur des portions de domaine public (grande et moyenne voirie) que le maire exerce avec l'autorité supérieure ; mais bien de droits sur les voies publiques dont la garde n'est confiée qu'à lui, nous parlons des rues formant la voirie urbaine et des chemins vicinaux ordinaires ou ruraux. Le droit de délivrer des alignements, les autorisations de bâtir, de réparer, de faire des canalisations, de construire en saillie appartiennent au maire. Supposons que le maire refuse de délivrer l'alignement ou l'autorisation, comment sous la législation antérieure à 1884 arrivait-on à obvier au mauvais vouloir de ce magistrat ? Il y avait l'article 15 de la loi du 18 juillet 1837 qui autorisait le préfet à prendre la place du

1. Décision du ministre de l'Intérieur de 1884.

maire, car cet acte était prescrit au maire par la loi qui lui interdisait de priver d'une façon aussi arbitraire les propriétaires du droit de recevoir l'alignement ou de construire en bordure de la voie publique. Aujourd'hui le préfet aurait pour agir l'article 85.

Pour les autres permissions de voirie le préfet était désarmé. La loi, quand il était question de canalisation, de construction en saillie ne lui donnant aucun pouvoir. Les maires abusaient de cet état de choses. Le législateur de 1884 pour y remédier accorde au préfet le droit de se substituer au maire lorsque ce dernier ne motivera par son refus *sur l'intérêt général.*

Il ressort du mot *notamment* employé dans le dernier paragraphe que le droit du préfet n'est pas limité aux permissions énumérées. Le préfet aura droit d'accorder ces permissions sur la grande comme sur la petite voirie, mais il faudra qu'il y ait un tarif, la loi ne permettant ni ne prévoyant la concession de telles permissions à titre gratuit.

Nous terminons ici l'étude sur les attributions des maires. Nous venons de voir les véritables autorités dont parle le titre de cet ouvrage. Maintenant nous allons examiner les agents secondaires dont quelques uns sont même investis d'attributions de police. C'est toujours pour obéir à notre plan de donner en parlant de tous ceux qui s'occupent de la police une idée générale de l'organisation de notre police. Ainsi nous arrivons à une nouvelle catégorie de fonctionnaires, les commissaires de police, puis nous verrons celle des officiers de paix, des commissaires de surveillance administrative, des agents de police, des gardes-champêtres et de la gendarmerie.

CHAPITRE X

DES COMMISSAIRES DE POLICE

Il existe plusieurs catégories de commissaires de police :

1° Les commissaires de police, dits municipaux, créés par la loi du 28 pluviose an VIII, titre II article 12; 2° Les commissaires spéciaux de l'intérieur, rétribués par l'Etat, et établis dans les communes que la loi de pluviôse n'atteint pas et où le Gouvernement juge la présence de ces agents indispensable ; 3° Les commissaires de police spéciaux constitués sur les chemins de fer ; 4° Les commissaires spéciaux placés à des postes-frontières.

Les premiers de ces fonctionnaires qui se trouvèrent investis de ces fonctions longtemps jouirent d'une grande autorité. Les capitulaires les désignent comme les coadjuteurs des premiers magistrats, c'est l'expression même latine : *adjutores comitum adjusticias faciendas*. Les lettres patentes d'octobre 1485 du roi Charles VIII prescrivent « qu'ils sont establis pour aider et conseiller le prévost de Paris et ses lieutenans, au jugement des procez ». Les témoignages de leur prestige se trouvent dans les ordonnances royales où ils sont traités ainsi : nos *amez et féaux maistres*. Enfin la qualification de *noble homme* les rangeait parmi les officiers « ayant dignité ». Leur prestige fut atteint par l'établissement de la vénalité de leurs charges, bien qu'elles furent érigées en titre d'offices. Ce fut en vain qu'ils luttèrent dès le seizième siècle pour le reconquérir ; en vain aussi Louis XIII essaya-t-il de le leur rendre, en établissant par l'édit de juin 1668 nombreuses de leurs anciennes prérogatives : comme jadis il les appelait conseillers du roi, leur permettait à ce titre de parler couverts aux audiences, leur donnait après vingt années d'exercice le drois de vétérance etc... La vénalité qui leur avait porté le premier coup leur donna le dernier. L'abolition de la vénalité des offices entraîna la suppression des commissaires examinateurs (1790).

Mais on ne tarda pas à sentir leur nécessité. La loi des 21-29 septembre 1791 vint les rétablir et décida qu'il serait institué par le corps législatif, après l'avis de l'administration du département des commissaires de police dans toutes les villes où serait jugée utile leur présence. Leurs fonctions furent délimitées, elles consistèrent à veiller au maintien et à l'exécution des lois de police municipale et correctionnelle. Ils eurent aussi à dresser les procès-verbaux en matière criminelle, mais il leur était interdit de procéder aux informations. On reconnut bientôt l'insuffisance de la loi de 1791. Avec la loi de 19 vendémiaire an IV on augmenta le nombre des commissaires de police ; il fut décrété que dans toutes les villes de 5.000 habitants et au-dessus il y aurait un commissaire de police ; que les villes au-dessous de 10.000 habitants n'auraient qu'un commissaire, que les villes d'une population supérieure en auraient un par section. Le code du 3 brumaire an IV (articles 25, 28 et suivants), l'arrêté du gouvernement du 19 nivôse an VIII, la loi du 28 pluviôse an VIII vinrent compléter l'établissement des commissariats. Cette dernière loi, encore la base de notre système actuel, décide que dans les villes de 5.000 à 10.000 habitants il y aura un commissaire de police, que dans les villes ayant plus de 10.000 habitants, il sera en outre ajouté un commissaire par 10.000 âmes d'excédent. Le système de ces lois ne satisfaisait plus toutefois d'une manière suffisante aux exigences de nos services publics modernes. C'est à ces exigences qu'ont répondu les décrets du 28 mars 1852 et du 17 janvier 1853.

Ces fonctionnaires tiennent du chef de l'Etat leur nomination. Le décret de décentralisation a accordé aux préfets dans les villes de 6:000 habitants et au-dessous, le droit de nomination et de révocation des commissaires de police. Pour la révocation l'approbation du ministre de l'Intérieur est exigée. Quant au droit de suspension qui est exercé par les préfets, il atteint jusqu'aux commissaires de police dont la nomination appartient au chef d'Etat. La circulaire du ministre de l'Intérieur du 14 décembre 1854 les oblige au serment professionnel.

La loi du 5 mai 1855, par ses articles 5 et 10, leur interdit de cumuler avec leurs fonctions une fonction municipale. Une décision du 17 mai 1854 leur refusait le droit d'accepter le poste de secrétaire de mairie.

L'empire s'efforça d'augmenter le plus possible le nombre des commissaires de police. C'est ce qu'exprime le dernier alinéa de l'article 7 du décret du 23 mars 1852 sur l'extension de juridiction des commissaires de police « Le ministre désignera successivement ceux des cantons qui devront être chaque année pourvus d'un commissaire de police ». Plus tard, sous l'influence des fluctuations politiques, on trouva nombre de cantons où cette institution était inutile. L'action du commissaire de police ne se borne pas au territoire de la ville qu'il habite, mais bien dans tout le canton. Cependant le préfet, peut (article 2 du décret du 29 janvier 1853), déterminer les limites de la circonscription de chacun des commissaires.

Un décret du 5 mars 1853 institua dans chaque département un commissaire police départemental qui devait donner à la police une direction unique. L'expérience ne fut point favorable. Le 29 mars 1853 un décret supprima les commissaires départementaux, sauf ceux des Bouches-du-Rhône, de la Haute-Garonne, de la Gironde C'est à l'administration désormais qu'appartient la police administrative et publique du département. Le 11 septembre 1870 un arrêté ministériel publié au *Journal Officiel* porte dans son article unique : « Les articles 7, 8 et 9 du décret du 28 mars 1852 sont abrogés et les.commissaires cantonaux sont et demeurent supprimés à dater de ce jour. »

« Toutefois, porte la circulaire ministérielle du 3 avril 1854, dans les localités dont le service de la police exige le concours simultané de plusieurs commissaires de police, il y aurait plusieurs inconvénients à laisser ces agents procéder isolément et l'on a reconnu la nécessité de les soumettre à une direction unique et de les placer sous l'autorité d'un chef responsable. Des commissaires centraux ont été institués en conséquence dans un certain nombre de villes, et un décret impérial du 22 mars en a étendu la création aux chefs-lieux de département et d'arrondissement où il existe plusieurs commmissaires et qui n'en étaient pas encore pourvus ». Le commissaire central est le chef de tout le service de la ville où il réside. Sous ses ordres sont placés d'autres commissaires qui doivent faire parvenir leurs rapports par son intermédiaire aux autorités administratives. Il a le pouvoir exceptionnel d'instrumenter dans tout l'arrondissement, mais pour cela l'autorisation préfectorale lui est nécessaire. Ces « commissaires résidant dans les autres parties de l'arrondissement sont chefs de service dans l'étendue de leurs circonscriptions respectives. Ils correspondent directement, avec les représentants de l'autorité administrative. Le commissaire central n'a point sur ces commissaires une autorité directe et permanente. Le préfet peut toutefois lui déléguer en tout ou en partie celles dont il est investi lui-même, et, il lui appartient dans ce cas d'en régler l'exercice, suivant les circonstances, une entière latitude lui étant laissée à cet égard. » (1)

Pour les communes dont la population atteignait 5000 habitants les commissaires de police établis sous l'empire de la loi du 28 pluviôse an VIII étaient obligatoires ; ils surchargeaient leur budget, dans les limites tout au moins des arrêtés des 23 fructidor an IX et 17 germinal an XI et du décret du 22 mars 1823. C'était au contraire une dépense facultative dans les communes d'une population inférieure. Le décret du 28 mars 1852 a établi ces deux sortes de localités sur un pied égal et la circulaire du ministre de l'Intérieur du 10 mars 1855, pose comme règle que tous les commissariats de police sont assujettis aux mêmes conditions, sans préoccupation de la population de la commune. Les commissaires qui furent créés après 1852 sont soumis aux règles précédentes, seulement l'article 7 du 28 mars

1. Circulaire Intérieur, 3 avril 1854.

1852 a déterminé un minimum de la subvention à exiger de la commune où ils se trouvent. Ainsi les dépenses concernant les commissaires de police sont obligatoires, et l'administration pourrait, s'il y avait résistance de la part de la municipalité, inscrire d'office ces dépenses au budget municipal.

L'article 5 du décret du 28 mars fixait cinq classes de commissariats. Cette répartition fut réglée par le décret du 27 février 1855 qui spécifie les conditions nécessaires pour obtenir les premières, deuxièmes, etc., classes (1).

A Paris, chaque arrondissement est divisé en quatre quartiers à la tête de chacun desquels se trouve un commissaire. Puis d'autres commissaires de police affectés aux délégations judiciaires, un commissaire de police chargé de la surveillance de la Bourse, un autre investi des fonctions de ministère public près le tribunal de police municipale, un commissaire directeur de la police municipale, etc. Les commissaires de la ville de Paris peuvent exercer leurs fonctions dans tout Paris. Il leur a été assigné à chacun une circonscription pour la seule facilité du service.

Si le commissaire de police est absent ou empêché et qu'il ait sa résidence dans une ville où il y a plusieurs commissaires, le préfet peut déléguer un commissaire d'un arrondissement voisin pour le remplacer (articles

1. Voir articles 2-3-4-5-6-7 du décret du 27 février 1855.

13 et 24 du code d'instruction criminelle). Mais s'il se trouve dans une commune dont il est seul commissaire, en cas d'absence ou d'empêchement, au maire appartient seul de le remplacer. La circulaire du ministre de l'Intérieur du 10 février 1855 dit que tout autre choix fait par le préfet constituerait une infraction.

Les fonctions de commissaire de police sont de deux sortes : *administratives et judiciaires.*

En qualité de fonctionnaires administratifs, ils concourent à la police générale en veillant au maintien et à l'exécution des lois et règlements intéressant la sûreté publique. Ils ont la mission spéciale de prévenir les infractions aux arrêtés pris par les autorités compétentes sur les objets énumérés dans la loi municipale du 5 avril 1884, article 97.

Dans leurs fonctions d'ordre administratif, ils veillent, sous l'autorité des maires à tous les objets de police confiés à la vigilance des corps municipaux, aux mesures d'administration pouvant concerner les constructions, alignements et démolitions sur la voie publique ; les dépôts de matériaux ; la salubrité et la propreté de la voie publique ; les incendies, épidémies ; la tenue des lieux ouverts au public : auberges ; la tenue des foires et marchés ; la fidélité des débits etc. Leur rôle est encore de veiller au maintien des lois et des règlements de police municipale, c'est ainsi que l'entend le décret des 21-29 septembre 1791 (article 2). Ils ont le droit de réquisition des gardes-champêtres et même des gardes-forestiers. L'article 3 du décret du 28 mars 1852 enjoint à ces agents d'informer le commissaire de police de tout ce qui intéresse la sécurité publique.

D'autres attributions leur sont conférées : la loi des 19-22 juillet 1791 leur confie le paraphe et la surveillance des registres d'auberge et d'hôtellerie. Les arrêtés du 29 prairial an IX, article 16; l'ordonnance du 18 décembre 1852, article 2; la loi du 4 juillet 1837, leur prescrivent de veiller à l'exécution des lois sur les poids et mesures.

Considérés comme agents de l'administration, les commissaires de police sont sous les ordres des préfets et sous-préfets. Sous le régime de l'article 75 de la Constitution de l'an VIII, l'autorisation du Conseil d'Etat était nécessaire pour qu'il pussent être poursuivis pour les délits par eux commis dans l'exercice de leurs fonctions.

Comme officiers de police judiciaire ils sont sous les ordres des magistrats des parquets.

Comme chargés de veiller à la police municipale ils sont sous les ordres des municipalités.

Des officiers de Paix.

Ce ne sont pas des officiers de police judiciaire. Néanmoins ils sont chargés dans une sphère autre que celle des commissaires de police de veiller à la tranquillité publique et d'arrêter les coupables. Ils ont été institués à Paris et dans quelques grandes villes. Ils ont été créés à Paris au nombre de vingt-quatre par un décret du 29 septembre 1791. La loi du 19 vendémiaire an IV les supprima, mais ils furent rétablis par celle du 23 floréal an IV.

Leur nombre fut porté à 38 par le décret du 20 juin 1871 sur la police municipale de Paris. Le détail de leurs attributions est donné par l'arrêté réglementaire du 30 avril 1887, dont l'article 41 porte : « Les officiers de paix sont attachés à un arrondissement où à un service spécial par arrêté du préfet de police ». Voir les articles 48, 49, 78, 79, 80, 81, 82, 83 du règlement du 30 avril 1887. Nous renverrons aussi au chapitre concernant les officiers de paix dans l'ouvrage: *La Police à Paris* par un rédacteur du « *Temps* ».

En résumé leurs fonctions ont trait uniquement à la police, ce sont des agents de police d'un ordre supérieur, qui ont pour mission principale de diriger les inspecteurs de police et les gardiens de la paix.

Commissaires de surveillance administrative.

Agents assermentés, sous les ordres du Ministre des Travaux Publics, il sont placés dans les gares importantes pour veiller au maintien et à l'exécution des lois et règlements visant la police des chemins de fer. Ayant mission de recevoir les réclamations des voyageurs, ces fonctionnaires se trouvent sous les ordres directs des préfets et des ingénieurs des mines chargés du contrôle. Leur surveillance s'étend sur une certaine étendue du réseau. Ils ont, dès l'arrivée d'un accident, à faire une enquête et à en aviser leur chef et le parquet. Bien plus, il leur est ordonné d'en prévenir, même avant de quitter leur gare-résidence et télégraphiquement le préfet et le parquet. Admis au concours, les commissaires de surveillance sont divisés en quatre classes. Il ne faut point confondre ces agents avec les commissaires spéciaux attachés aux grandes gares et surtout aux gares frontières qui relèvent du Ministre de l'Intérieur.

Des agents de police.

Ce sont des agents institués par les autorités municipales ayant mission de veiller à l'exécution des lois, règlements et arrêtés de police, et reconnus par les lois. La qualification d'agent de police est le terme générique mais ils peuvent recevoir d'autres noms. Ils furent rangés au nombre des agents de la force publique par l'article 77 du décret du 18 juin 1811 qui leur imposa les mêmes obligations, aussi sont-ils protégés par l'article 224 du code pénal contre les outrages qu'ils peuvent recevoir dans l'exercice de leurs fonctions.

Classés comme agents d'une autorité publique, les injures qui leur sont alors adressées dans l'exercice de leurs fonctions, doivent être réprimées par l'article 19 de la loi du 17 mai 1819. Ils sont placés sous les ordres du commissaire de police. Si cet agent n'existe pas ils ont comme chef le maire. Ils ont à obtempérer aux ordres du Procureur de la République. Sous l'empire de la loi des 19-22 juillet 1791, ces agents avaient le droit de constater les contraventions de police.

La loi de 1884 ne leur a pas donné le caractère d'officiers de police judiciaire, pas plus que le Code d'instruction criminelle elle ne le leur accorde, puisqu'elle ne parle pas des procès-verbaux. Ils peuvent, comme le demande au Sénat, dans la séance du 11 mai 1884 le rapporteur M. Demôle, être assermentés, mais leurs procès-verbaux n'auront jamais la valeur que de simples renseignements.

Des Gardes-Champêtres.

Charles V institua, par un édit de mai 1369, les premiers gardes-champêtres, sous le nom de garde des ablais. En juillet 1383, Charles VI détermina leurs fonctions suivant les localités, ils s'appelèrent gardes des champs, messiers, bladiers, dégâtiers, sergents de verdure.

La loi des 28 septembre-octobre 1791 les a institués « pour assurer les propriétés et veiller à la conservation des récoltes ». Le décret du 20 messidor de l'an III, article 1 à 3 impose aux communes l'obligation d'avoir au moins un garde-champêtre. La loi du 18 juillet 1837 range parmi les dépenses obligatoires le traitement des gardes-champêtres.

Lors de la rédaction de la loi de 1884 la question de cette obligation pour les communes fut discutée. Finalement ce fut l'amendement de M. de Languinais qu passa ; il est ainsi conçu : « Toute commune peut avoir un ou plusieurs gardes-champêtres. » Ainsi les communes sont libres d'avoir un ou plusieurs gardes-champêtres pourvu que le traitement de ces agents soit assuré. Le projet primitif de la loi de 1884 admettait comme la loi de 1791 un garde-champêtre pour plusieurs communes. Cet amendement ne fut pas admis en dernière lecture, le législateur prévoyant qu'ainsi le service ne serait bien fait dans aucune commune.

La loi de 1791 donnait la nomination de ces agents au Conseil Général de la commune ainsi que leur révocation. La loi du 18 juillet 1837 dans son article 13 les confie au maire qui doit obtenir approbation du conseil municipal et l'agrément du sous-préfet. L'article 5 paragraphe 21 du décret du 25 mars 1852 transfère ces droits au préfet qui nomme sur présentation du maire.

L'article 102 de la loi de 1884 rend ce droit exclusivement au maire. Mais l'agrément du sous-préfet est nécessaire. Ce fonctionnaire est libre de le refuser sans aucun motif, mais si dans le délai d'un mois il n'a pas fait connaître son agrément, *il est censé le donner* (circulaire du ministre de l'Intérieur du 15 mai 1884). Nous faisons toutefois nos réserves sur cette interprétation du ministre de l'Intérieur, ce sont là des présomptions légales mais les présomptions légales ne sont établies que par un texte formel. Le maire a le droit de suspendre son garde-champêtre pour la durée d'un mois. L'arrêté ne pourra, en vertu de l'article 95, être annulé par le préfet (Décision du ministre de l'Intérieur, 20 août 1884). Leur révocation n'appartient qu'au préfet. Quant à la démission de ces agents, dans une circulaire du 25 juin 1884, le ministre de l'Intérieur a prononcé qu'elle devait être acceptée par le maire.

Leurs attributions sont réglées par l'article 16 du code d'Instruction criminelle qui les commet au soin de rechercher les contraventions de police portant atteinte aux propriétés rurales. Il y avait eu controverse sur le point de savoir s'ils pouvaient constater soit les contraventions urbaines, soit les infractions aux règlements de police municipale. La Cour de cassation était d'avis contraire. La loi du 24 juillet 1867 leur a donné qualité pour verbaliser même en ces matières et la loi de 1884 a confirmé la loi de 1867.

En dehors des délégations spéciales qu'il reçoit de la

loi le garde-champêtre n'a qualité que pour la constatation de délits ruraux et des contraventions à la police municipale. Leurs procès-verbaux doivent être affirmés dans les vingt-quatre heures devant les juges de paix ou leurs suppléants. Il faut qu'il soient enregistrés, ils font foi jusqu'à preuve contraire. Pour les fautes commises dans l'exercice de leurs fonctions, la poursuite doit en être faite conformément aux articles 479 et 483 du Code d'Instruction criminelle. L'article 222 du Code pénal les protège contre les outrages et violences. Le Code d'Instruction criminelle, article 16, leur indique ce qu'ils ont à faire comme agents de la force publique. Leur traitement est obligatoire pour les communes (article 136, n° 6 de la loi du 5 avril 1884).

La gendarmerie.

Le corps de gendarmerie a été réorganisé par le décret constitutif du 1er mars 1854 modifié par une décision impériale du 24 avril 1858, par les décrets du 2 juin 1871, 23 juin 1871, 24 juillet 1872, 11 mai 1876, 14 juin 1878 et par le décret du 26 mars 1887 organisant le cadre des sous officiers de gendarmerie. C'est une force appelée à veiller à la sécurité publique, au maintien et à l'exécution des lois, exerçant son action sur tous les territoires de la République, dans les camps, dans les armées, surtout chargée d'assurer la sécurité des campagnes et des voies de communication.

Les gendarmes doivent être assermentés, la loi du 17 juillet 1856, rendue exécutoire dans les colonies par le décret du 23 décembre 1857 déclare que leurs procès-verbaux n'ont pas à être soumis à l'affirmation. Ils ont qualité pour dresser procès-verbal dans tout le territoire et non pas seulement dans celui de la circonscription de la brigade. Les attributions de la gendar merie sont multiples, elle a affaire à cinq ministres différents. Nous n'examinerons que ses rapports avec le ministre de l'Intérieur, avec les autorités locales et administratives.

Le ministre de l'Intérieur étant celui qui prescrit à la gendarmerie les mesures relatives à la sécurité publique est aussi celui qui donne tous les ordres concernant la police générale et la sécurité de l'Etat. Aussi le chef de chaque légion doit-il lui adresser un rapport mensuel détaillé et aussi chaque année un tableau récapitulatif du service de chaque compagnie.

Le casernement ordinaire de brigade de gendarmerie constitue, d'après les articles 60 et 61 de la loi du 10 août 1871, une dépense obligatoire pour les départements.

C'est en cas d'extrême urgence que les autorités ocales peuvent recourir à la gendarmerie (articles 91 là 104 du décret du 1er mars 1854).

C'est toujours par voie de réquisition adressée au chef de la gendarmerie du lieu, ou à son refus, à son supérieur hiérarchique que s'exerce l'action des autorités locales ses réquisitions doivent énoncer la loi, le motif, l'ordre, l'acte administratif en vertu desquels elles sont faites. Elles ne peuvent être données que dans l'arrondissement de celui qui les établit et de celui qui a mission de les exécuter. Les cas de réquisition sont tous spécifiés par les lois, les règlements, ou par les ordres particuliers de service.

Quant aux autorités administratives, la gendarmerie doit se tenir toujours à leur disposition. Le chef d'escadron, commandant le département doit tous les jours adresser au préfet un rapport. Les commandants d'arrondissement en envoient de semblables au sous-préfet. Les autorités admininistratives ont droit de requérir la réunion de plusieurs brigades sur un point menacé. Les officiers de gendarmerie n'ont point droit de discuter les mesures que le préfet ordonne de prendre, ils n'ont que celui de remontrance. Toutefois, une fois les ordres reçus, les autorités administratives n'ont pas à veiller à leur exécution. Seuls en sont chargés les officiers qui ont reçu mission de les exécuter et qui sont responsables de leur accomplissement (art. 110 à 120 du décret du 24 avril 1858).

Les officiers de gendarmerie sont aussi officiers de police judiciaire. Le décret du 1er mars 1858, plus tard modifié par la décision impériale du 24 avril 1858 renferme dans les articles 238 à 268, la reproduction de nombreux articles du Code pénal et du Code d'Instruction criminelle.

DEUXIÈME PARTIE

I

La première partie de cette étude peut prêter à la critique, l'ordre choisi pour traiter des matières paraîtra à beaucoup par trop didactique. Peut-être eût-il été préférable d'analyser les différents points se rapportant à la police et dire alors quelles étaient les autorités qui avaient la mission soit de les exécuter, soit de les appliquer. Il eût été permis aussi de grouper les différents magistrats investis d'attributions identiques et ensuite de s'efforcer d'en dégager des idées d'ensemble; je veux dire de mettre en un même groupement ceux de ces fonctionnaires, qui dépendent les uns des autres, la lecture de ce travail, ainsi composé en eût été plus attrayante certes. Mais c'était chose difficile. La première manière de faire aurait entraîné à des détails par trop multiples; voir toutes les matières où est en jeu la police, c'est parcourir tout notre droit public et administratif, ce n'est pas la fin cherchée. La seconde façon de procéder est parfaite, sauf ici. Il eût fallu, pour ce faire, une organisation de la police autre que la nôtre, une unité dans ce service public qui n'existe pas. L'ordre choisi a été imposé par les circonstances. Il montre bien au contraire ce qu'est notre police; un corps sans cohésion, sans hiérarchie, sans chef véritable, qui n'est au fond qu'un agrégat de petits groupes autonomes, agissant en un cercle restreint, sans solidarité, avec presque la haine du voisin.

Il a été nécessaire d'expliquer un à un chacun des rouages de cette machine si compliquée, si complexe surtout et qui souvent ne marche pas faute d'une harmonie indispensable entre ses diverses parties. Agir autrement eût été s'exposer à augmenter le nombre des lacunes déjà trop grand de ce travail et risquer en donnant une vue d'ensemble, d'induire en erreur en faisant croire ne fût-ce qu'à une lointaine unité.

En a-t-il été ainsi de tous les temps ? et notre pays n'a-t-il jamais possédé une police fortement organisée et pouvant répondre au service qu'on peut légitimement attendre d'un pareil corps ? « Il a été toujours présenté à la masse des idées fausses sur cet organe si important certes, et nous ne reviendrons pas sur ce qui a été déjà dit, il serait préférable de ne pas avoir besoin de tels instruments, comme il serait peu souhaitable de pouvoir se passer de lois. Les hommes ne sont pas assez sages pour oser simplement concevoir la réalisation de pareils *desiderata*. La police comme la justice est encore chose utile. Mais si la police s'impose, au moins est-il permis de demander une vraie, une bonne police. L'organisation actuelle ne nous donne ni l'une, ni l'autre.

II

Quelques lignes plus haut, il était demandé s'il n'a jamais existé dans ce pays une police véritablement une : c'est une question à laquelle il est malaisé de répondre. Il faut se rappeler, que la police se divise en deux grandes branches : d'un côté, la police générale aux mains du gouvernement qui lui donne son impulsion par la direction de la Sûreté Générale par le préfet de police, par les préfets, les commissaires, là beaucoup de chefs, des officiers, pas de soldats : de l'autre, la police municipale remise et confiée entièrement aux maires. Voilà le système qui a prédominé depuis la Révolution. Donc théoriquement l'unité dans la police n'a dans ce pays, jamais existé. Virtuellement ce fut autre chose jusqu'aux lois du 28 mars 1882 et du 5 avril 1884 : en effet, sous le régime précédant ces lois il était possible au gouvernement d'éviter les défectuosités de ce dualisme, les maires, chefs des polices municipales, étant alors de réels fonctionnaires, à la disposition du gouvernement qui les nommait, et qui, exerçant sur eux une véritable influence, pouvait imprimer à toute la police une même direction, ayant à la tête de chaque police municipale un agent tout dévoué.

La loi du 28 mars 1882 est venue briser le lien entre le gouvernement et les maires. Les maires ont pris une attitude indépendante, souvent hostile, conservant avec un soin plus jaloux que réfléchi leurs prérogatives, luttant pour affirmer ce qu'on appelle les franchises municipales, sans voir au-delà du territoire de leur commune, sans penser à l'intérêt général pour ne s'occuper souvent que trop, hélas ! de leur propre intérêt. La police municipale a été un des premiers titres de leurs revendications. S'appuyant sur une loi un peu prématurée, ils ont aisément triomphé. La police municipale est aujourd'hui pleinement entre leurs mains ; quant à la police d'Etat, elle n'est plus même virtuellement.

III

Peut-on chercher le remède en agissant sur les maires! Mais le gouvernement n'a plus pouvoir sur eux. S'ils sont encore agents du pouvoir central, c'est là chose purement nominale. Au point de vue hiérarchique, élus par leur conseil municipal, ils se considèrent comme au-dessous de personne. Mais le préfet est armé du droit de suspension, et peut même faire révoquer ceux qui n'obéissent pas à ses ordres. Que leur importe! Une année après, ils sont rééligibles, c'est une mesure purement temporaire, dénuée d'effets aujourd'hui à l'égal de l'appel comme d'abus. Derrière le maire, il y a le conseil qui l'a nommé, qui le suit dans sa politique et qui nommera pour faire échec à la mesure qui le frappe indirectement un maire imbu des mêmes idées que son prédecesseur. Le gouvernement est donc sans autorité vis-à-vis des chefs de polices municipales. Or, nous avons vu que les attributions des maires, en matière de police, sont pour ainsi dire universelles. Rappelons que l'article 91 de la loi municipale dit « que le maire est chargé de la police municipale, de la police rurale et de l'exécution des actes de l'autorité supérieure ». Nous savons par les lois de 1790, de 1791, par l'article 97 de la loi de 1884, ce qu'il faut entendre par police municipale, combien est large le champ où le maire peut se mouvoir. Ce n'est pas trop s'avancer que de dire que nul fonctionnaire n'a autant de pouvoirs de police.

Ainsi au point de vue de la police municipale, le maire est tout puissant. Le législateur a pensé qu'il n'y avait là aucun danger puisqu'il y a ajouté la fonction d'agent du pouvoir central en le chargeant sous l'*autorité de l'administration supérieure*, de l'exécution des mesures de sûreté publique prises par le gouvernement, comme de celles des lois et règlements (article 92).

IV

Pour l'exercice de ces diverses attributions, le maire a sous ses ordres une police plus ou moins considérable. Parlons des villes où se trouvent des commissaires de police. Ce fonctionnaire est dans la situation la plus bizarre, avec une quantité de chefs. Il dépend du préfet, du procureur de la République, du maire. Sa nomination appartient, soit au Gouvernement, soit au Préfet. Ses droits à la retraite, son traitement sont inscrits au budget communal. Quel est le véritable chef du commissaire de police? C'est ce maire qui peut lui octroyer de fortes indemnités s'il est complaisant, ou arriver facilement à le faire déplacer s'il n'exécute pas ses ordres. Il y a ici un véritable enchevêtrement, le commissaire de police, nommé par le Gouvernement, se trouve, lui agent du pouvoir central, sous la dépendance du maire qui depuis les dernières lois municipales est absolument indépendant (1). Nous laissons de côté le procureur général ou les membres du parquet. Le commissaire est bien sous leurs ordres, mais seulement pour les poursuites judiciaires, or cette branche de la police n'est pas traitée ici.

1. *De l'institution d'une police d'Etat*, par M. Albert Guyon, 16 octobre 1894. Discours de rentrée de la Cour de Pau.

V

Il existe encore d'autres agents de la police dont il faut parler puisque la loi reconnaît formellement leur existence sous les dénominations suivantes : inspecteurs de police, gardiens de la paix. Ces agents inférieurs échappent encore davantage à l'action administrative. Le Préfet, dans leur nomination, n'a que le droit d'agrément ; le maire seul les nomme. Cependant le préfet a le droit de les révoquer (1), mais en fait il n'exercera jamais cette mesure de rigueur que sur la demande du maire qui n'y recourt que bien rarement ayant le droit de suspendre ces agents pour un laps de temps indéfini. Ainsi la police municipale est bien concentrée dans les mains du maire. Le pouvoir des autorités supérieures est nul sur ces agents qui savent que s'ils veulent avancer, ils ont surtout à servir et à contenter l'édilité.

Si nous poursuivons l'étude des autres agents de la police nous rencontrons les gardes-champêtres. Voilà encore des officiers de police judiciaire nommés par le maire. Ils doivent, comme les gardiens de la paix, être agréés par le préfet pour l'arrondissement chef-lieu et par les sous-préfets pour les autres arrondissements.

1. Article 103, loi du 5 avril 1884.

Mais ici le pouvoir de l'administration est plus grand, car rien ne limite les droits des préfets de donner ou de refuser leur agrément. Ils ne sont pas même tenus de faire connaître les motifs de leur refus. Le maire de plus ne peut les suspendre que pour un mois, mais la révocation d'un garde-champêtre appartient au préfet (1) (2).

Reste la gendarmerie, c'est plus une institution militaire que de police. Puis on l'a chargée de tant de services surtout pour le recrutement, qu'elle n'agit comme organe de police qu'exceptionnellement. Enfin l'administration n'a le droit de s'en servir que par réquisition, comme elle procède vis-à-vis de l'armée.

VI

La loi municipale a-t-elle eu au moins la sagesse de contrebalancer une influence aussi considérable, a-t-elle donné aux préfets et à l'administration un moyen d'annihiler les mesures désastreuses prises par les municipalités ou de remédier à l'inertie voulue des

1. Voir la circulaire n° 29 (ministère de l'Intérieur) du 25 avril 1889 donnant l'interprétation de la loi du 5 avril 1884. Au sujet de la nomination des Gardes champêtres : *Du chef de cabinet de Préfet* par Raoul Strauss, page 126.

2. Voir la loi sur les gardes-champêtres donnée en Conseil d'État à Sion le 16 novembre 1864,

maires en se substituant à eux. Nous avons vu dans la première partie de ce travail ces deux questions. L'administration n'est pas armée suffisamment. Le Préfet peut s'opposer à un arrêté du maire, mais la plupart du temps, il ne le fera pas, il doit ou accepter ou refuser l'arrêté, il n'a qu'un droit de contrôle mais pas celui de modification (art. 94 et 95 de la loi du 5 avril 1884) sauf lorsqu'il s'agira de sûreté ou salubrité publiques. Souvent le préfet ne pouvant remplacer un arrêté municipal par des dispositions qu'il croira plus sages n'usera pas de son droit de suspension ou d'annulation. La loi ne lui ayant pas fourni de moyens assez puissants pour surveiller les actes du maire, le préfet désarmé ne peut ordonner aucune mesure d'ensemble et, selon la remarque très juste de M. Albert Guyon, il est non pas au-dessus des maires, mais placé à côté d'eux.

D'où nous vient cette organisation bizarre dans un pays aussi centralisé et qui arrive à ce résultat bien étrange que, avec les forces très nombreuses de police qui existent, l'État n'a en réalité pas de police. Cette organisation spéciale nous vient de la loi du 14 décembre 1789, œuvre de la Constituante, qui la première a dit : « L'une des fonctions *propres au pouvoir municipal* est de faire jouir les habitants des avantages d'une bonne police ». Nous avons déjà parcouru la loi des 16-24 août 1790 qui énumère toutes les attributions de police *confiées aux corps municipaux*. Enfin dans son discours sur la police d'État, M. Albert Guyon fait remarquer ironiquement la loi du 21 octobre 1791 qui vient affirmer ce droit aux municipalités en disant « que les fonctions de police ont besoin pour s'exercer d'une sorte de latitude de confiance que ne peut reposer que sur des mandataires extrêmement purs ».

Ainsi la révolution, en haine des corporations, des mauvais souvenirs que traînait derrière elle cette institution, a voulu, en isolant les unes des autres les forces de police, les décentraliser en quelque sorte et en les empêchant d'agir de concert, interdire le retour aux mauvais procédés d'autrefois.

Après avoir aboli les juridictions particulières, elle a confié aux maires cet organe si important qu'elle a morcelé sans comprendre que pour fournir le service exigé de lui, il lui est nécessaire d'être d'une cohésion absolue.

Les gouvernements qui ont succédé à la Révolution ont suivi ces errements. Il faut se bien rendre compte aussi que les institutions doivent se modifier avec le temps, que ce qui était bien il y a cent ans, ne l'est plus aujourd'hui, qu'une institution comme la police a besoin, plus que tout autre, d'être adéquate à la civilisation du moment, que c'est une erreur sous prétexte de ne pas toucher aux libertés de laisser sans y porter des modifications, un rouage qui comme celui-là fonctionne mal parce qu'il est mal dirigé.

Le premier et le second empire s'occupèrent bien de réorganiser ce service par la création d'un ministère de la police, d'inspecteurs généraux, de commissaires cantonaux. En fait, sous ces régimes la police fut une ; les maires étant dans les mains de l'autorité administrative. Mais ces gouvernements allèrent trop loin. Ils ne firent pas de la police cė qu'elle doit être, un organe de sécurité et de sûreté publiques, mais souvent un instrument d'oppression, ainsi ils le détournèrent de son but en détruisant les causes de sa raison d'être.

Aussi sous la troisième République, il y eut un effort en sens inverse, bien que le Gouvernement essaya de de conserver sous sa direction le service de la police. Les maires devinrent les chefs de la police et la loi de 1882 fut le premier essai pour les rendre indépendants du gouvernement. Le législateur de 1884 ne semble pas s'être rendu bien compte de ce fait, et la loi municipale bien qu'ayant tendance, avec son article 99 à restreindre les attributions de police du maire en fait cependant, dans sa commune, le maître incontesté.

VII

Ainsi, il n'existe pas en France de police d'État. A part les polices de Paris, de Lyon, la gendarmerie, les autres polices sont presque indépendantes de l'action gouvernementale. Encore est-ce beaucoup s'avancer que de parler de la police parisienne; institution purement municipale, tous ses agents, même ceux dits de la brigade politique, ayant la mission de surveiller et d'arrêter les ennemis de l'État, étant des agents municipaux. Seuls le Préfet de police et le secrétaire général de la préfecture de police sont fonctionnaires d'État.

Il est vrai que des efforts ont été tentés pour remédier à cet état de choses. Le gouvernement et le parlement se sont émus de cette situation. Des projets visant au même but ont été déposés par les ministres de l'Intérieur, MM. Waldeck-Rousseau et Constans. A la Chambre, au Sénat des commissions ont été constituées, des rapports présentés par MM. Ferdinand Dreyfus, Léon Renault Léon Say, de Marcère. Le Sénat a même voté un projet de loi rattachant le budget de la préfecture de police au budget du ministère de l'Intérieur, c'est-à-dire plaçant sous l'autorité directe du ministre de l'Intérieur toute la préfecture de police, la rendant en un mot autonome du conseil municipal, en faisant enfin un simple organe de l'État. Si le gouvernement arrivait à obtenir son rattachement au budget du ministère de l'Intérieur, et à en faire une police indépendante des pouvoirs municipaux ce serait déjà le prodrome de la constitution de la police d'État.

Du reste les divers arguments en faveur soit du rattachement à l'État, soit de sa transformation en un organe purement municipal ne sont pas des arguments spéciaux à la police de Paris, mais pouvant s'appliquer à tout le pays.

VIII

Il y a bien une autre administration qui veille à la sécurité publique et qui a le nom d'administration d'État, centralisée entre les mains du gouvernement; c'est la Direction de la sûreté générale au ministère de l'Intérieur. Quelle est sa mission? D'abord un rôle tout politique et nous n'insisterons pas sur ce point, ces pages n'étant point écrites en vue d'une polémique, mais d'une discussion de droit. Pour remplir cette surveillance, il y a à peu près cinq cents agents, dits agents secrets; c'est la seule force que possède la direction, ce sont des agents mobiles prêts à se porter partout où besoin sera, et c'est bien peu pour un pays de 39.000.000 d'habitants. Ensuite cette direction a à établir le nombre des agents de police dans les villes d'une population supérieure à 40.000 âmes, à fixer les questions de police communes pour toutes les villes, sans pouvoir se permettre de régler d'une façon différente la police d'une cité. A part ce petit corps d'agents spéciaux qui sont bien dans sa main, le directeur de la sûreté générale n'a qu'un rôle administratif, c'est un simple délégué du ministre de l'Intérieur ayant reçu mission d'exécuter les attributions générales de police qui incombent à ce ministre.

Autant à dire de ses pouvoirs sur les commissaires

de police, il se borne à préparer leur nomination. C'est aussi lui qui transmet les ordres du gouvernement aux commissaires spéciaux des gares, à ceux des ports et de la frontière. Enfin, au moyen des contrôleurs généraux, il surveille le personnel de police qui dépend du gouvernement. Mais son action est bien limitée, ainsi ces fonctionnaires n'ont même pas droit d'inspecter la police parisienne, ni celle de la banlieue.

Aussi nous sommes après l'étude des différents services de police ramenés toujours à la même conclusion qu'il n'est pas dans ce pays une police gouvernementale, et que celle qui existe est incapable, le cas échéant, de pouvoir être d'aucune utilité.

Notre police, selon la remarque judicieuse de M. Albert Guyon, est une institution en quelque sorte inorganique. Quelles sont les causes de cet état fâcheux. Nous les avons parcourues déjà en grande partie, mais il est permis d'insister sur plusieurs points, manque de cohésion de la police, action nulle des préfets sur les diverses polices locales, inclination des maires à une complète autonomie, état d'hostilité de certains maires vis-à-vis du pouvoir central, indépendance des maires des grandes villes à l'égard des représentants du gouvernement, partialité de certaines autorités municipales, recrutement défectueux des magistrats de police, composition détestable du bas personnel de police, enfin la loi du 5 avril 1884 dont les articles 97, 102, 103 ont enlevé au gouvernement, en réalité, toute surveillance sur les polices locales.

Nous allons étudier ces différentes causes et les réformes à introduire dans ce service seront la conséquence logique, en quelque sorte les conclusions des observations qui vont être faites.

IX

Nous aurons peu à dire sur le manque de cohésion de la police dans notre pays. L'examen des différents organes de la police ont fourni assez d'exemples. Trouver une cohésion quelconque dans la police française est chose impossible.

Police spéciale pour la capitale et pour sa banlieue, police spéciale pour Lyon et l'agglomération lyonnaise, police différente pour les villes de 40000 habitants, enfin dans chacune des 36000 communes de France autre organisation en matière de police. Cette diversité, cette multiplicité de police donne matière à reflexion. Aussi on se demande pourquoi si une police d'Etat est nécessaire à Lyon, elle n'est pas utile à Marseille qui est une ville d'une population presque aussi importante, et dont l'élément flottant est beaucoup plus considérable, surtout beaucoup plus dangereux, composée en majeure partie d'étrangers. Nous parlons de Marseille, nous pourrions citer également Bordeaux, sans omettre Lille, ville frontière, avec une population très dense, dans le département le plus peuplé. C'est une simple constatation, dans l'intention de montrer avec combien peu de méthode il a été procédé à une si importante organisation. L'empire, tout en laissant subsister quelques-unes de ces anomalies avait su mettre dans ce service une réelle unité. Tout en ne demandant pas qu'on revienne aux procédés du gouvernement précédent, il serait peut-être bon de s'efforcer d'établir quelque unité.

L'essentiel serait de bien faire pénétrer dans la masse que ce n'est pas là faire œuvre en arrière, bien au contraire, c'est la nationalisation des grands services de l'Etat. Je ne vois pas en quoi ce serait une atteinte à la liberté. On demande aujourd'hui la nationalisation des grands services publics, comme les chemins de fer, les canaux, comme on a fait service d'Etat les postes et télégraphes, et pour ma part, je crois que ces demandes n'ont rien que de très légitime. Je ne vois pas dès lors pourquoi on refuserait aux réclamations de ceux qui veulent une police d'Etat. Tous les grands services publics, autrefois services locaux, n'ont-ils pas suivi cette évolution : les finances, l'administration, la justice, l'armée elle-même ont passé peu à peu des mains des autorités provinciales dans les attributions de l'Etat. Cette transformation a-t-elle été un mal, l'expérience prouve le contraire, elle pourrait être tentée pour la police. Ce service soumis non-seulement au contrôle du gouvenement, mais bien plus à la surveillance du parlement présenterait au moins plus de garantie et pourrait acquérir une réputation d'impartialité qu'il est loin d'avoir.

Il faut bien le remarquer la situation n'est plus du tout la même qu'autrefois. A un régime qui parfois se laissa entraîner jusqu'à l'arbitraire, a succédé le gouvernement parlementaire ; c'est là que réside l'égide contre l'oppression des corps trop puissants. En effet, toutes les administrations de l'Etat sont soumises au contrôle rigoureux des Chambres. Si elles dépassent les bornes de leurs attributions, le législateur sait le rappeler au Gouvernement, et la responsabilité ministérielle met ce dernier dans l'obligation d'obtempérer aux réclamations légitimes. Il y a bien plus de sécurité aujourd'hui pour le peuple à avoir des administrations d'État que des administrations locales. Sur les premières il a par ces représentants une certaine influence qu'il n'a pas sur les secondes. Il y a aussi cette observation à faire que plus le champ d action est large, plus l'esprit des dirigeants se trouve être dégagé des entraves comme des influences locales et qu'alors ils agissent beaucoup plus librement, sans souci de leurs intérêts propres avec plus de justice et d'impartialité.

Même si les polices locales étaient bien dirigées, bien recrutées rendraient-elles les mêmes services qu'une police d'Etat. Certes non, et pourquoi ? Parce qu'il y aura toujours dans cette organisation ainsi comprise un vice capital, le défaut d'unité. Il faut se rendre compte qu'une administration ayant ce but, doit être une. C'est avant tout un organe de renseignements, de surveillance, dont toute la puissance réside dans la célérité. Il est nécessaire que l'ordre donné s'exécute rapidement et au besoin partout à la fois, comme l'impression produite sur un des centres cérébraux est ressentie en la même seconde dans le corps tout entier.

Cette unité est encore à faire. Des polices, plus ou moins bien conduites, existent sur tout le territoire, mais autonomes, indépendantes les unes des autres Cette division est dans ce pays poussée à l'extrême. A part la gendarmerie dont l'autorité s'étend partout, les autres polices n'exercent leurs attributions que dans leur circonscription. Un gardien de la paix est sans pouvoir en dehors de la ville dans laquelle il a son domicile.

Chaque police vit donc en étrangère à l'égard des autres, sans aucune utilité même pour la police de la ville voisine, incapable de relier leur surveillance, inutile en un mot hors son territoire. Ce sont de petites forces isolées, ayant par elles-mêmes peu de valeur, mais qui réunies en faisceau, présenteraient une force considérable et atteindraient au but qu'elles se proposent sans y parvenir : assurer la sécurité publique.

Cette opinion ne peut être critiquée, les statistiques sont là. La police administrative est surtout préventive des délits et des crimes contre les personnes et les propriétés. Sur 450,000 affaires qui viennent dans les parquets, 254000 sont classées sans que l'on y donne aucune suite ou encore suivies d'ordonnances ou d'arrêts de non-lieu ; 32 0/0 des affaires, soit 82000, ont dû être abandonnées, les coupables n'étant pas découverts. Le nombre des affaires non poursuites progresse chaque année ; en cinq ans depuis 1886 il a augmenté de 14 0/0 (1). Comme corollaire de cette situation, recrudescence des crimes et des délits. Ainsi 1892 donne en plus sur l'année précédente 3000 infractions. Les faits éclairent la situation. M. Alglave disait (2) qu'en matière financière, comme en toute autre matière, on ne doit s'arrêter qu'à un seul critérium, sans se préoccuper du point de vue moral ou d'autres considérations : la mesure qui fortifie un pays est bonne, celle qui l'affaiblit est mauvaise. Cette opinion est très juste. La décentralisation de la police a été expérimentée pendant de longues années, elle a donné, elle donne de mauvais résultats, changeons de système et revenons à une centralisation bien comprise, sans porter atteinte à aucune liberté.

1. Voir le discours de M. Albert Guyon, page 4.

2. *Cours de doctorat de législation financière* (1895-1896 par M. Alglave.

X

Le régime actuel, soumettant à l'approbation des chambres, l'action gouvernementale, permettrait cette réforme, l'arbitraire n'étant plus à craindre. On ne voit même pas la cause de cette frayeur à la demande de la création d'un ministère de la police. Je sais bien que les mauvais souvenirs laissés par cette institution sont pour quelque chose dans la peur de sa résurrection. Encore une fois un ministre de la police actuel ne ressemblerait en rien à un ministre de la police d'autrefois ; il aurait à répondre de tous ses actes devant le parlement, il se contenterait d'être une sorte de magistrat supérieur et responsable.

Je me hâte toutefois de dire que je ne suis point partisan de cette institution et j'ai le regret de me séparer, ici, de M. Albert Guyon qui place la création de ce ministère dans son plan de réformes de la police. Ce ne sont pas les idées précédemment émises qui m'arrêtent, mais je crois que cette spécialisation arriverait à créer de nouveau ce qu'on veut éviter ; la décentralisation. Les attributions de police sont bien une dépendance des attributions du ministre de l'Intérieur qui a sous ses ordres les Préfets ; des conflits inévitables se produiraient, dès le moindre désaccord des ministres de l'intérieur et de la police. Le ministre de la police donnerait des ordres aux préfets. Le ministre de l'Intérieur, qui a des attributions d'autant plus étendues qu'elles ne sont pas bien définies, pourront contrecarrer par des instructions en sens contraire les prescriptions de son collègue, et le mécanisme risquerait de ne plus fonctionner. Comme le vieillard ionien, nous croyons qu'il est bon qu'il n'y ait qu'un seul chef. Ensuite le ministre de l'Intérieur a besoin d'être au courant de tout ce qui se passe dans le pays ; il ne peut être renseigné que s'il possède absolument cet organe de surveillance. Créer un ministère de la police ce serait démembrer le ministère de l'intérieur, sans aucun profit, au grand détriment de la bonne marche du service.

Ce qui serait plutôt à réclamer serait la réorganisation de la direction de la sûreté générale qui donne peu de résultats parce qu'elle est mal comprise. Il est certain que du jour où sera créée une police d'Etat, cette direction devra forcément être remaniée.

Actuellement, elle est à peu près inutile, c'est plutôt un rouage bureaucratique qu'autre chose. Il est, des anomalies bizarres. On sait que c'est un organe de sûreté générale, de sûreté d'Etat, de sûreté politique. La première chose qu'elle devrait surveiller, ce devrait être la capitale, et elle ne pourrait le faire qu'en se servant des agents nombreux de la préfecture de police. Or, ce moyen n'est pas à sa disposition. Elle qui a le contrôle de toutes les polices de France, celles des grands centres, de Lyon comme des autres, elle ne peut rien sur la préfecture de police : c'est un service indépendant, qui agit selon sa manière de voir, sans aucune entente préalable avec la direction de la sûreté générale, et le préfet de police n'a aucun compte à rendre, si ce n'est au ministre. Les inconvénients de cette organisation n'ont pas toujours passé inaperçus : M. Léon Renault, préfet de police fut chargé de la direction de la sûreté générale et ainsi les deux services marchèrent d'accord. Mais on fit la chose à l'envers, le préfet de police n'aurait pas dû être chargé de la direction, mais au contraire le directeur de la sûreté générale de la préfecture de police. Sans demander la suppression de la préfecture de police, il serait à souhaiter qu'on rattachât ce service d'une manière plus étroite au ministère de l'Intérieur.

Cette petite disgression ramène toujours après un détour à cette conclusion que ce manque d'unité produit des résultats qui ne sont pas ceux attendus et qu'une réforme s'impose. On peut dire de la police générale l'idée que Treihard émettait de la police judiciaire : « Il faut que les agents de la police judiciaire soient répandus et disséminés sur toute la surface de l'Empire ».

Si les faits délictueux augmentent, c'est que le service chargé de les réprimer n'est pas à la hauteur de sa mission ; si aucune étude d'ensemble ne peut être faite, cela tient à son organisation ; si la surveillance exercée n'empêche pas la progression des crimes et des délits, c'est qu'elle n'est pas suffisante et si elle n'est pas suffisante, malgré le nombre considérable d'agents qui y sont préposés, c'est que ces agents agissent isolément et ne prennent pas la peine de s'avertir. Il est évident qu'une autre organisation s'impose. L'antique proverbe des pêcheurs voguant sur l'Adriatique soulevée est toujours vrai « quand la mer est troublée, le filet doit être élargi et ses mailles resserrées ». Ici nous sommes d'accord, mais nous trouvons le filet assez grand, peut-être l'est-il même trop, il suffit de resserrer les mailles.

XI

Une autre cause signaler, c'est le peu d'action que les préfets exercent sur les polices locales. Leur autorité est pour ainsi dire nulle. Ils ont le titre pompeux de chef de la police générale, mais ils n'ont que le titre. Sur qui peut s'exercer leur autorité, sur les maires, sur les commissaires de police, sur la gendarmerie : elle est surtout nominative sur les maires. La loi a le tort de réclamer toujours ces magistrats comme des fonctionnaires, or ils ne le sont plus que de nom, ce sont des élus peu disposés à s'incliner devant l'autorité centrale. La loi les place, en ce qui concerne la police générale, sous l'autorité du préfet. A ce point de vue, ils acceptent volontiers de l'être : Ce qu'on appelle la police générale se réduit à peu de choses; publication, promulgation des lois, leur affichage, mesures de police générale. Mais dès qu'il s'agit d'une mesure que le maire tient à cœur de faire appliquer, il est peu embarrassé, il la revendique comme mesure locale, or il est le chef de la police municipale et il ne supporte aucune ingérenee de l'autorité supérieure; dès lors le préfet ne peut plus rien. Aujourd'hui les maires sont devenus très puissants. Il est impossible à un préfet de résister au maire d'une ville comme Bordeaux ou Marseille, surtout si ce dernier sent derrière lui son conseil municipal. Il ne faut pas craindre de dire les choses comme elles sont. Le préfet est peu en état de lutter, surtout avec les changements de politique, avec les maires des grandes villes, il ne peut marcher que d'accord avec eux, il est leur égal tout au plus et non leur supérieur.

Même difficulté pour lui avec les maires des petites localités. Beaucoup de ces maires cumulent avec leurs fonctions d'autres mandats électifs plus importants; aussi vis-à-vis du premier magistrat du département ils occupent une situation prépondérante. Le préfet ne peut prendre à leur égard aucune mesure, faire preuve d'acte d'énergie; il risquerait peut-être de ne pas sortir avec la victoire de la mêlée. Il est très délicat de traiter une telle question dans un pur sujet de droit, mais ici la théorie est si intimement liée à la pratique qu'il est difficile de parler de l'une en omettant l'autre.

Quant aux commissaires de police le préfet exerce sur eux une véritable autorité et par suite les tient bien en main. Mais ce magistrat dépend de beaucoup trop de personnes à la fois, du préfet, du maire, des parquets. Le maire a sur lui l'autorité la plus grande. Ceci se comprend trop bien pour qu'il soit utile d'insister, surtout si l'on ajoute que les indemnités données au commissaire lui sont accordées sur le budget municipal. S'il y a léger désaccord entre le préfet et la municipalité, le commissaire saura, sans se mettre en évidence, servir surtout le maire, tout en paraissant obéir aux préfet. Ceci est malheureusement trop fréquent; ou alors, s'il veut ne faire que son devoir, il arrive à se créer une situation impossible.

Si le préfet commande aux commissaires de police, son autorité est nulle à l'égard du bas personnel, des agents. Ici pas d'autorité, ce ne sont pas les droits d'agrément ni de révocation qui peuvent lui donner quelque prestige. Le préfet ne fait qu'apposer sa signature. Ce magistrat ne voudrait pas, par un refus, en la circonstance, se créer des conflits avec l'autorité municipale. S'il avait un droit réel et exclusif de nomination, le personnel sachant qu'il aurait tout à attendre de lui, lui serait soumis. Ainsi, aussi pour les gardes-champêtres qui depuis longtemps devraient être encadrés et dans la dépendance absolue des préfets.

XII

Les commissaires de police ne sont pas ce qu'ils devraient être. Ils ne peuvent exercer leurs attributions que dans une limite très restreinte, celle de la commune où ils résident. Il en était ainsi des commissaires spéciaux sur les chemins de fer. A la suite des derniers attentats anarchistes, le gouvernement, par l'organe du ministre de l'intérieur, M. Raynal, demanda leur augmentation. Cent postes nouveaux furent créés. Ce qu'il y eut de mieux, ce ne fut pas cette augmentation qui était souhaitable, mais la modification des attributions des anciens commissaires spéciaux, modification dont bénéficièrent les titulaires des nouveaux postes. Elle consiste en ce que ces agents exerceront désormais leurs attributions non seulement sur la ligne ferrée à laquelle ils sont attachés, mais aussi dans toute l'étendue du département où ils ont leur résidence. C'est un réel progrès ; M. Albert Guyon y voit un commencement d'organisation de police d'Etat, c'en est au moins la genèse. Cette réforme permet au gouvernement d'agir sans avoir à passer par l'intermédiaire des autres polices. Ces agents ont un autre mérite, ils ne dépendent que du gouvernement.

La gendarmerie ne dépend, elle aussi, sauf les cas

de réquisition, que des préfets. Mais ce n'est pas un organe de police proprement dit; c'est une institution mixte à la fois militaire et civile qui n'est ni l'une, ni l'autre. Malgré ces inconvénients, elle aurait pu exercer une surveillance admirable, mais on l'a détournée de son but, elle sert à d'autres fins. Les obligations si sérieuses que lui imposait le décret de 1854 ont été négligées, la loi sur le recrutement est venue la surcharger d'un service pénible et absorbant, ce n'est plus une troupe de soldats, mais un corps de scribes, des commis militaires. Elle a un rôle plus important à jouer, c'est au ministre de la guerre à la décharger d'occupations si lourdes et ainsi à lui permettre d'exécuter les prescriptions du décret de 1854. Tant que cette réforme n'aura pas lieu, elle ne comptera plus parmi les services de la police.

XIII

Mais c'est surtout dans la diminution de l'autorité préfectorale sur les maires que réside le danger. Les maires ont, depuis la loi qui leur donne le pouvoir par l'élection, une tendance de plus en plus grande à marcher de leur propre initiative, sans avoir à en référer à l'autorité supérieure, cette lutte pour l'obtention des franchises municipales a eu lieu de tous temps, autrefois on combattait contre le seigneur, aujourd'hui contre l'administration. Ce qui s'expliquait autrefois, où le seigneur exerçait un véritable despotisme ne se comprend plus aujourd'hui où l'Etat n'a qu'un rôle qui ne vise même pas à la tutelle mais à la protection des communes (1); peu importe, on lutte quand même, peut-être par habitude. Plus le centre est important, plus la municipalité se montre arrogante en face du représentant du gouvernement.

Souvent les municipalités élues sont d'une opinion autre que celle des membres des pouvoirs publics. Tous les moyens pour leur faire échec sont bons. Existe-t-il une police, on la désorganise, c'est un combat incessant au grand dommage de la sécurité et de la tranquillité publique. Il y a des municipalités qui ont des idées subversives, on réduit la police à ce point qu'elle n'existe plus du tout. Là se donnent rendez-vous tous les individus traqués dans les autres centres; ils y viennent impunément, sachant bien qu'en communion d'idées avec la municipalité, ils peuvent y vivre sous l'œil bienveillant du maire qui les protège en paralysant l'action de la police sous ses ordres.

Nous avons vu également que les municipalités, animées même des meilleures intentions sont de parti pris presque toujours hostiles au pouvoir central, surtout quand elles sont une véritable puissance comme dans les grandes villes où le maire élu par une population

1. Ducrocq. *Cours de droit administratif*, 6e édition.

considérable contrebalance souvent en sa faveur l'autorité préfectorale.

Un danger plus grave :

Autrefois le maire était surtout un fonctionnaire, aujourd'hui il est un élu. De magistrat il est devenu homme politique, il a ses électeurs à satisfaire, à écraser ses adversaires. C'est une arme redoutable que la police si l'on veut en faire une arme qui peut être d'un grand secours et servir de puissant moyen d'influence. Agir ainsi n'est pas remplir son devoir, mais il est des maires qui ne saisissent pas le côté répréhensible de cette manière de faire ou qui pour arriver au triomphe de leur cause feignent de l'ignorer. Le maire reconnaissant envers ses électeurs ne veut point leur causer de soucis, il s'ingère dans la police, interdit de dresser des procès-verbaux, les annule si les agents se permettent de signaler les infractions à la loi, surtout lorsque ces infractions sont commises par ses amis. Cette opinion n'est pas une opinion isolée ; dans les articles parus dans le « *Temps* » (1) sur la police nous lisons « dans les grandes villes, les maires étouffent avec une désinvolture remarquable les contraventions relevées contre leurs amis, ils sont appréciateurs de la sanction, ce qui ne se produirait pas si les commissaires de police et leurs agents étaient indépendants et ne relevaient point d'eux ». Nous ne ferons qu'un

1. La police à Paris par un rédacteur du *Temps*.

reproche à l'auteur de cet article c'est de n'émettre cette opinion que pour les maires des grandes villes. Mais ceci se fait encore davantage dans les petites villes et dans les campagnes où les passions sont très vives. Que ce soit le garde-champêtre ou le commissaire de police ils sont tous sous la dépendance du maire qui abuse de son autorité. Dès lors qu'on oublie que la police doit être impartiale, il n'est plus de police et ce qui en reste tombe en un juste discrédit.

Ainsi, dans beaucoup de villes, la police n'existe qu'à l'égard des adversaires de la municipalité, eux seuls se sentent sous sa surveillance ; au contraire les partisans du maire sont assurés de l'impunité.

Parfois le maire est plus conciliant, a l'esprit meilleur, et veut satisfaire tout le monde. M. Larnaude, dans l'étude consacrée à la police dans son cours de doctorat de 1895-1896 à la Faculté de Paris contait la jolie anecdote suivante. « Il y avait lutte entre deux maires d'un chef-lieu de département du midi. L'un de ces maires dont le mandat venait d'expirer, au moment de se représenter devant ses électeurs, pour les séduire, mit dans sa profession de foi, ceci est à peine croyable, qu'il était celui des maires de cette ville qui avait fait dresser le moins de procès-verbaux et surtout qu'il en avait moins fait faire que son concurrent ». Ainsi on fait les élections, mais on ne fait pas une bonne police.

Il n'est pas besoin d'insister davantage pour faire

ressortir les inconvénients de cette subordination de la police aux maires. La grande erreur est de penser que ce service est un service municipal. La police n'a rien de local, puisque nous constatons que toutes les défectuosités signalées proviennent de son manque d'unité; s'il est un service qui doit être centralisé c'est bien celui-là, il doit former un tout uniforme pour le territoire entier.

XIV

Avant de parler des agents de police, une autre remarque est à faire dont la faute incombe au gouvernement seul. Le personnel de la police a toujours été vu, même les commissaires de police, avec une certaine défaveur par la population ; il a, si cette expression peut être acceptée, un mauvais verni ; il n'est pas considéré, sur ses chefs eux-mêmes rejaillit un peu de ce discrédit. Certes il est de nombreuses exceptions, et beaucoup de ces magistrats sont fort distingués, mais en fait le vice énoncé existe. A quoi cela tient-il? à deux causes. Certains soutiennent que c'est leur mission qui les rend suspects ; on n'aime pas la police, elle éloigne.

Mais pourquoi éloigne-t-elle? parce qu'elle ne comprend pas sa mission comme elle devrait la comprendre, parce qu'organe de justice, elle se signale parfois par une partialité non qualifiable. Hâtons-nous de dire que la faute n'en est pas à elle, mais à ceux qui la dirigent, la faisant servir d'instrument à leurs passions, et ici nous retombons dans le reproche fait aux maires dont tout à l'heure on parlait. Si, élaguant ce vice, nous cherchons l'autre cause, nous la trouvons dans la mauvaise composition du corps des commissaires de police. Ici tout est à faire, des cadres souvent sans valeur. Beaucoup de commissaires sortent des rangs infimes de l'armée, sont de bons serviteurs, mais sans éducation, sans instruction. Ils feraient d'excellents sous-ordres, ils sont de détestables chefs. On ne s'improvise pas chef de police, une longue préparation est indispensable. Nous voudrions voir relever le prestige de ces fonctionnaires. On ne doit point oublier que ce sont des magistrats, on devrait entourer leur entrée dans l'administration des garanties exigées pour ces derniers. C'est là aussi une des causes de la faiblesse de la police ; le titre de commissaire de police à lui seul suffit, dit-on, pour inspirer une certaine aversion. Bien que nous croyons que c'est là une erreur, rien n'est plus facile que de le modifier, mais il est indispensable de changer aussi les conditions d'entrée de cette carrière. Un autre recrutement s'impose. Il faut donner à ce service un personnel différent.

C'est ce qui a été fait pour les commissaires de police de la ville de Paris. Certaines conditions d'aptitude sont exigées, il leur faut obtenir des grades universitaires assez élevés pour pouvoir briquer ces postes-

Diverses autres mesures aussi sages ont considérablement relevé le niveau du personnel des commissaires de la police parisienne.

Le gouvernement est aussi entré dans cette voie pour le personnel de province ; une école de police a été même crée à Bordeaux, mais ce n'est pas là encore une organisation générale. Le personnel de la police en a grand besoin pour conquérir un prestige qu'il n'a pas.

Il serait presque préférable de passer sous silence les défectuosités du recrutement du personnel secondaire de la police. Je laisse de côté ceux de Paris et de Lyon, il n'y a presque rien à en dire. Il est en général assez passable, bien qu'il serait désirable que ce personnel montrât parfois plus d'aménité, ce qui ne diminuerait en rien la bonne marche du service et aurait l'avantage très appréciable de décharger les chambres correctionnelles du soin de juger des causes parfois bien puériles.

Quant au personnel de province, il est mal composé. Aucun reproche n'est à faire aux agents, mais encore aux municipalités. Ce sont les amis des maires qui obtiennent toutes les places, l'intérêt réel du service est laissé au second plan. On ne s'occupe pas de savoir si l'agent nommé possède ou non les qualités requises pour le service qu'il a à remplir. L'obtention du poste est en quelque sorte la rémunération de services rendus. Aussi les agents sont-ils sans aucune éducation professionnelle et n'ont de leur métier que l'uniforme. Dressent-ils un procès-verbal, le maire sur la demande de quelque électeur influent le fait retirer.

Le préfet ne peut rien pour remédier à une telle situation, il est forcé en quelque sorte moralement de donner son agrément à tout agent. A quoi lui servirait de refuser, il lui serait présenté des candidats souvent pires. Ainsi l'agent de police n'existe pas. Aussi instable du reste que le pouvoir sous les autres duquel il se trouve, sous le coup d'une menace de congé après chaque élection. Sans prestige, il est là simplement pour détenir une place, ne s'occupant que d'une seule chose, la garder le plus longtemps possible et au besoin transigeant avec son devoir qui, rempli strictement, ne lui occasionnerait que des ennuis.

Je ne veux même point parler des services spéciaux de la police, comme celui des mœurs. Ici le reproche s'adresse à celui de Paris, plus même à celui de Paris qu'à celui de province. Je suis d'un avis absolument opposé à celui de l'auteur de la « Police à Paris ». Ce personnel est détestable à tous les points de vue, et les éloges que lui adresse l'auteur qui vient d'être cité me paraissent être plus qu'outrés. Si réellement il est impossible d'obtenir dans ces différents services des agents imbus de leur devoir, et ceci je ne le discuterai point, il est mille fois préférable de les supprimer.

XV

Un coup d'œil très rapide sur quelques articles de la loi de 1884, terminera l'étude de cette deuxième partie.

M. Albert Guyon, et nous partageons sa manière de voir, ne trouve rien à changer à l'article 92 de la loi du 5 avril 1884. Cet article confie certaines attributions de police générale aux maires. Les maires ne sont que de simples agents chargés d'exécuter des ordres reçus. Ici aucun pouvoir personnel n'est accordé au maire qui peut se voir remplacer par le préfet ou par un de ses délégués. Le maire n'agit que sous *l'autorité du préfet*, sans aucun pouvoir propre. Il est donc sans inconvénient de lui laisser ces attributious.

Le même jugement ne peut être porté sur l'article 97. La loi municipale s'est montrée trop libérale, je veux dire qu'elle a dispensé d'une manière irréfléchie, les attributions de police aux municipalités. A elle seule, on l'a dit à juste titre, cette partie de la loi est le code de la police municipale; la question est traitée d'une façon concise, mais les pouvoirs les plus étendus n'en sont pas moins donnés aux municipalités. Il y a exagération des attributions concédées. Le législateur semble s'en être aperçu, et il a tenté de faire machine en arrière, en votant l'article 99. Cette compensation donnée au pouvoir central est loin d'être suffisante. Ceci ne retire rien aux attributions considérables accordées aux maires par l'article 97.

La loi du 5 avril 1884 est une loi qui manque un peu de suite. Le législateur même en la votant est hésitant, Il accorde les plus grandes libertés, mais semble éviter de vouloir la voter, il temporise. Poussé par l'opinion publique, c'est à regret qu'il lui cède ; il n'a pas le courage de lui résister. Cependant c'est un grand service à rendre à la masse que d'essayer de la conduire et de l'éclairer et d'avoir la fermeté d'opposer un refus à ses revendications lorsque ces dernières sont basées sur de fausses conceptions, ses idées qui mises en exécution sont un péril pour la nation, une atteinte à ses libertés, en risquant de les détruire en les trop exagérant, en leur donnant une direction mauvaise. Quoi qu'il en soit, la loi de 1884 est votée et elle se ressent des tergiversations de ses auteurs. Aussi après avoir donné aux maires les attributions que l'on sait par l'article 97, le législateur essaye de revenir sur ses premières concessions par l'article 99, si bien que M. Batbie a pu affirmer, sans se voir taxer d'exagération que la loi de 1884 est une loi de réaction tendant à rendre au pouvoir central des attributions qui avaient été dévolues par les lois antérieures aux maires, et tendant aussi à restreindre le pouvoir de ces derniers magistrats (1).

1, Batbie, Tome I, page 43. *Traité théorique et pratique de Droit public et administratif.*

Il est évident que l'article 99 accorde aux préfets des droits qu'ils n'avaient jamais eus, mais il est non moins évident que la formule employée par l'article 97, formule indéfinie, laisse aux maires le droit de revendiquer le titre de chef absolu de la police municipale et cela d'une façon incontestable. La phrase employée est trop générale pour insister « La police municipale a pour objet d'assurer le bon ordre, la sûreté et la salubrité publiques ». C'est en réalité toute la police. Pas de limite à ce pouvoir. Le législateur semble avoir voulu appuyer sur ce point. En effet la phrase suivante porte « Elle (la police) comprend *notamment* : » *Notamment*, ce qui veut dire, elle comprend toutes ces choses, mais notamment les points suivants.

M. Albert Guyon, que nous citons souvent parce qu'il a résumé d'une façon concise dans un court discours les opinions et les désirs de tous les auteurs qui se sont occupés de la question, pense que le législateur s'est montré trop prodigue envers les maires. Les idées émises dans cet essai nous conduisent à nous ranger à son avis.

Sa proposition se borne à demander la suppression de cet article de la loi de 1884, ou tout au moins des alinéas accordant au maire le droit d'assurer le bon ordre, la sûreté et la salubrité publiques.

Au fond sa motion tend à transporter les attributions de maires aux préfets. En réalité il dépouille ces magistrats de toute autorité sur le personnel de la police ; c'est en vain qu'il ajoute que le maire aura droit de réquisition sur le personnel qui est aujourd'hui et qui ne serait plus demain, si sa proposition était acceptée, sous ses ordres, le fait n'en est pas moins évident.

Dans des réformes aussi importantes, il ne faut point mettre trop de précipitation. Il ne nous appartient pas de présenter un projet de réformes, aussi nous bornerons-nous à émettre quelques idées. Serait-il osé d'établir une certaine analogie au point de vue des attributions de police entre les maires et le préfet de la Seine ? On connaît le décret de 1859 donnant au préfet des attributions qui appartenaient autrefois au préfet de police et établissant ainsi entre les pouvoirs de ces deux fonctionnaires une juste harmonie. Il y a là une indication utile qu'il aurait été bon de ne pas négliger lors de l'établissement de la loi de 1884. Il est un point évident, c'est qu'aujourd'hui c'est rendre un mauvais service aux maires que de leur laisser l'administration d'un tel organe. C'est en même temps désarmer l'État que de remettre à d'autres qu'à lui-même la direction d'un service qui ne peut subsister ou en tous cas n'être utile qu'à la condition d'être un. Nous pensons que le décret de 1859 a été établi sagement, en délimitant les attributions de police qui peuvent être accordées sans danger au maire de Paris, c'est-à-dire au préfet de la Seine, et celles de ces attributions qui doivent être réservées à l'État, ici au préfet de police.

En apportant à ce décret les quelques additions nécessaires, en y faisant les quelques suppressions qui s'imposent concernant les faits qui ne pourraient s'appliquer en province, on arriverait à de très bons résultats. Avec la législation actuelle, M. Francis Charmes a pu dire très judicieusement que si « le préfet de police est maire à Paris, en revanche les maires de province sont les préfets de police de leurs communes. » (1) On comprend ce que cette analogie a de dangereux pour le bon fonctionnement de la police. Nous déplorons l'institution de la préfecture de police telle qu'elle est comprise actuellement. Nous adresserons au préfet de police le même reproche qui a été fait aux maires de province, c'est que tout en étant fonctionnaire de l'Etat, il s'est trop isolé. Il a voulu comme les maires de provinces être indépendant. C'est le ministre de la police de Paris. L'action de sa police s'exerce en dehors de celle de l'Etat, il n'a aucun rapport avec la direction de la sûreté générale sur les attributions de laquelle il empiète. Il n'est soumis à aucun contrôle, si ce n'est à celui illusoire du ministre de l'Intérieur qui, si l'on considère son instabilité, n'a pas le temps de se reconnaître au milieu d'une organisation aussi compliquée. Ses observations sont faites au point de vue purement théorique. Pour revenir à notre point de départ, il est urgent de délimiter les attribu-

1. Discours de rentrée de M. Albert Guyon sur la police d'Etat.

tions de police dans le sens que nous venons d'indiquer. En laissant aux maires la police purement administrative qui est la vraie police municipale, le législateur ne pourra être taxé d'avoir voulu porter une atteinte aux franchises des villes, et pour le plus grand bien de son fonctionnement ce service sera placé sous la direction des autorités qui sont désignées naturellement pour le conduire.

Si le législateur entrait dans cette voie, il serait indispensable qu'il apportât des modifications aux articles 102 et 103 de la loi du 5 avril 1884 confiant aux maires le soin de nommer les gardes-champêtres, les inspecteurs de police, les brigadiers et sous-brigadiers et les agents de police. Les sous-préfets, dans l'état actuel des choses ne peuvent qu'agréer et commissionner les gardes-champêtres et qu'agréer les autres agents. Dans l'arrondissement chef-lieu ce soin incombe au préfet. La nouvelle organisation confierait leur nomination aux représentants du pouvoir central, aux sous-préfets qui soumettraient au préalable au préfet ces nominations. Ce sont là des détails à régler ultérieurement.

Tous ces agents formeraient des unités liées entre elles, la police des départements serait dans la même main. Il y aurait également cohésion entre les polices départementales. Enfin toutes ces polices recevraient l'impulsion de la sûreté générale agissant sous les ordres du ministre de l'intérieur. Ainsi il y aurait une véritable police nationale. L'extension de la compétence territoriale de ces agents découlerait naturellement de la nouvelle organisation. Leur compétence serait augmentée comme il a été fait pour celle des commissaires spéciaux.

Dans chaque département il y aurait comme une légion de police sous les ordres du préfet et des sous-préfets. Certains auteurs demandent qu'au-dessous du préfet existe dans chaque chef-lieu de département un commissaire central qui aurait sous ses ordres tous les autres commissaires de police du département. Je ne partage point cette manière de voir. A la rigueur, il n'y aurait aucun mal pour le chef-lieu du département puisque là réside le préfet qui serait le chef suprême mais dans les chefs-lieux d'arrondissement, ce commissaire annihilerait l'action du sous-préfet qui serait, malgré cela, responsable de la police de son arrondissement. Il est inutile d'établir une hiérarchie autre que celle qui existe actuellement. Le seul point important est d'empêcher l'ingérence des maires dans un service qui est par sa nature même en dehors de leurs attributions. Naturellement les commissaires de police d'un département non-seulement pourraient mais devraient communiquer entre eux, ainsi l'unité s'établirait d'elle-même. En cas de conflit le sous-préfet dans l'arrondissement, le préfet dans le département serait là pour trancher le différend.

On a demandé aussi que tous les agents qui circulent

sur les routes et qui ont certaines attributions de police, comme les agents-voyers, les agents des contributions indirectes, les douaniers, les préposés d'octroi, les gardes-forestiers, etc., aient le droit de dresser procès-verbal et rentrent dans le personnel de la police. Le personnel de la police est suffisant, ce n'est pas le nombre qui fait dans un tel service, c'est l'instruction professionnelle, aussi sommes-nous d'avis de laisser ces divers agents à leurs fonctions respectives. Les statistiques sont ici trop éloquentes, elles nous montrent combien de faits délictueux échappent aux fonctionnaires de ces administrations pour que nous pensions pouvoir leur ajouter un surcroît d'occupations. Le personnel de la police est assez nombreux, l'essentiel est d'obtenir de lui les qualités qui lui font défaut par la faute des circonstances.

Il y a unanimité parmi tous les auteurs qui ont étudié la police française pour trouver son organisation défectueuse, pour signaler les résultats désastreux qui en sont la suite nécessaire et pour réclamer des réformes urgentes.

Tous ceux, à quelque parti, à quelque situation qu'ils appartiennent, qui ont examiné la question sont unanimes sur ce point qu'il y a un vice essentiel dans ce service qui est son hétérogénéité et son manque d'unité. Lors de la discussion des projets de rattachement au budget de l'Etat du budget de la préfecture de police on a été d'accord pour insister sur la nécessité qu'il y aurait à avoir une police d'Etat. Les ministres MM. Waldeck-Rousseau, Constans ont vu leur proposition confirmée par les rapporteurs et les sénateurs, Léon Say, de Marcère, Léon Renault. Si le président du Conseil des ministres, M. Charles Floquet combattit devant le Sénat le projet de rattachement, il ne se déclara pas adversaire de l'idée elle-même, ce furent seules les circonstances qui le déterminèrent à agir ainsi

Les partisans de la police municipale ont présenté comme obstacle la question budgétaire. Cette opposition n'est pas bien sérieuse. Les dépenses de la police partout où elle existe, sont obligatoires. Les villes verseraient au budget de l'Etat les sommes affectées à ce service et dès lors ces dépenses ne pourraient être augmentées ou diminuées qu'ensuite d'un accord avec le gouvernement. Quant aux communes, une fois qu'elles auraient demandé un garde-champêtre, elles seraient dans l'obligation de le rétribuer, leur situation serait en un mot la même que celle des villes.

Nous avons vu l'opinion des théoriciens. Quant aux hommes techniques, leur sentiment est aussi formel. Nous ne nous étendrons pas sur les idées de M. Puybaraud (1), directeur général à la préfecture de police. Ses ouvrages parlent pour lui. Il a été à même de constater quels résultats fâcheux découlent du régime de la police. C'est un partisan convaincu d'une police

1. *La police à Paris* par un rédacteur du « *Temps* ».

d'Etat. Pour lui c'est une nécessité et les efforts des législateurs doivent tendre à la créer pendant qu'il en est temps encore.

Certes, l'idée est excellente, mais ce ne serait là qu'un palliatif qui ne remplacerait pas la police d'Etat, qui n'empêcherait pas les maires d'abuser de leur autorité, qui ne donnerait pas cette cohésion à ce service que nous réclamons (1).

C'est un point inéluctable sur lequel on peut discuter mais qui n'en est pas moins vrai. Nous disions que M. Joseph Reinach terminait une étude sur le budget du ministère de l'Intérieur en disant que « la police sera police d'Etat ou ne sera plus. » Il eût été plus logique de dire que la police sera lorsqu'elle sera police d'État, actuellement elle n'est pas. Si elle existe elle n'est pas ce qu'il serait désirable qu'elle fût, puisqu'elle se trouve soumise à des influences qui devraient lui être totalement étrangères. Les efforts sont à diriger

1. M. Laurent, secrétaire général de la Prefecture de Police, estime lui aussi fâcheux l'état de notre police. Il déplore d'autant plus cette situation qu'il lui paraît plus difficile de pouvoir revenir en arrière et de reprendre aux maires ce qui leur a été imprudemment donné. Et cependant, il est indispensable au gouvernement d'être renseigné. Parmi toute une série de réformes qu'il préconise, il lui paraîtrait souhaitable et il désirerait la création de brigades mobiles que le ministre de l'intérieur pourrait envoyer partout où il le jugerait convenable, qui suppléeraient ainsi au manque d'une police d'Etat.

vers ce but, en faire un grand service aussi impartial que celui de la justice, aussi utile, aussi respecté, aussi admis.

C'est une idée fausse de croire que la police municipale est populaire, qu'elle inspire plus de considération que la police d'Etat, que le citoyen est plus enclin à l'obéir parce qu'elle est dirigée par un homme qui a obtenu sa confiance, en quelque sorte par son mandataire. Ceci n'a jamais été, jamais la police municipale n'a obtenu cette influenre qui a été l'apanage de la police d'Etat. Les maires, personnages politiques, n'ont jamais su conserver à leur police le prestige nécessaire. Eux-mêmes ont été les premiers à le déconsidérer en s'opposant à son service, en édictant un règlement et en étant les premiers à ne pas l'observer. Le peu d'autorité que conserve la police, elle le doit à ce que ces chefs, les commissaires, sont une émanation du pouvoir central et que le gros du public croit à leur indépendance en tace de la municipalité. C'est presque une utopie de penser qu'une police municipale puisse valoir, avec nos institutions, autant qu'une police d'Etat. Il est déplorable qu'elle soit surtout aujourd'hui, où les divisions, où les coteries existent dans la plus petite de nos bourgades. La dignité de cette institution est en jeu.

Si, comme le dit ce grand philosophe Taine (1), elle est

1. *Les origines de la France contemporaine* de H. Taine, page 316. Tome Ier.

indispensable, on doit la dégager au moins de tout ce qui l'abaisse. De cette institution qu'on enveloppe, comme à plaisir, de mystère, d'ombres, il faut faire un service régulier qui fonctionne au grand jour, qui soit reconnu par tous nécessaire. Pour arriver à cette fin, il faut le transformer en un service national, agissant en toute lumière sous le contrôle des chambres. Actuellement, il n'existe pas de responsabilité. Il serait insensé d'en imposer une au ministre de l'intérieur à propos des polices municipales. Or une responsabilité dans un tel service est nécessaire. Ce n'est pas sur les maires qu'elle peut peser et c'est là le secret de ce fait que la police sous les ordres des édiles n'est pas aussi populaire qu'on le proclame.

Il suffit de lire les conclusions judicieuses de M. Batbie dans son ouvrage de Droit administratif : (1) « Certains veulent augmenter les attributions de la police municipale au détriment de la police générale. A leur avis les magistrats de la commune auraient plus d'autorité, parce qu'ils sont élus, que des fonctionnaires inconnus éloignés, n'exciteraient pas de murmure, car nul ne pourrait méconnaître la nécessité de ce que prescriraient les agents auxquels il aurait donné sa confiance. L'expérience au contraire a démontré que la police locale est sans force et que les magistrats locaux sont, en cette matière, détournés de leur devoir, soit parce qu'ils seraient obligés de se soumet-

1. Droit administratif de Batbie, page 43. Tome Ier.

tre à leur propre règlement, soit parce qu'ils craignent d'exciter le mécontentement de leurs propres électeurs. Aussi loin d'augmenter les attributions de la police, la dernière loi municipale les a restreintes. Sous ce rapport le self government a reculé, au moins chez nous, loin d'avancer, jusqu'à présent le maire avait seul l'initiative des règlements de police municipale, l'autorité supérieure pouvait refuser son approbation, mais non se mettre à la place du maire pour faire un règlement, une disposition nouvelle qui n'aurait pas été proposée par l'administration de la commune. Désormais toutes les fois qu'il s'agira de sûreté ou de salubrité publiques, l'autorité municipale peut être mise en demeure de faire un règlement, si elle n'obéit pas à cette sommation, l'autorité supérieure peut se substituer à elle. L'autorité communale est donc loin de progresser... » « L'article qui vise ce pouvoir des préfets » est une disposition de centralisation administrative dans une loi de décentralisation... L'extension de la police municipale n'est pas une idée populaire. Si le maire n'avait pas pour auxiliaires les agents de la police générale sa police serait nulle... C'est parce que ses agents sont empruntés à la police générale qu'on exécute ses règlements, mais aussi n'est-il pas dans l'opinion publique considéré comme le véritable chef de la police locale.

Chez nous les divisions et les haines de parti se montrent partout et dans les élections à tous les degrés. Les représailles, après chaque élection, sont un fait ordinaire, presque sans exception. Les tyrannies de village sont fréquentes et de toutes les oppressions ce sont les plus insupportables. Ce qui est bon pour des pays plus calmes ou moins divisés que le nôtre, ne saurait être recommandé dans l'état d'extrême division où se trouvent la plupart de nos communes ».

Comment mieux expliquer le secret du mal dont souffre la police. C'est dans les faits signalés avec tant de netteté qu'il réside, il ne faut pas chercher leur cause ailleurs. Ce n'est pas une question de parti pris. En ces matières, rien ne peut mieux valoir que la méthode exéprimentale. Il en a été usé largement, avec impartialité. Tous les efforts ont été tentés pour arriver à faire produire à la police municipale les effets qu'on était en droit d'attendre. Les résultats sont loin d'être ceux désirés pour ne point dire mauvais. L'expérience n'a pas réussi. Il faut essayer l'autre système, qui dans ce pays de liberté, peut être employé sans provoquer aucune crainte, je veux dire la police d'État.

TROISIÈME PARTIE

L'explication de l'organisation d'une police étrangère terme de comparaison, est comme le complément indispensable de cet essai.

Cette troisième partie a été réservée à l'étude spéciale de la police en Prusse. Ce pays a été choisi parce que cette fonction d'État par son organisation se rapproche le plus de la nôtre. Nous y trouverons sous des dénominations différentes les mêmes autorités investies d'attributions identiques. Mais cette similitude ne va pas jusqu'à l'extrême et nous verrons que le législateur prussien dont le droit ressemble beaucoup au nôtre a su heureusement éviter les écueils où parfois nous sommes venus nous heurter.

Nous ne reviendrons pas sur les définitions de la police des auteurs prussiens et nous aborderons de suite son étude en voyant ce qu'entend aujourd'hui le Code prussien par le mot police.

L'Allgemeiness Landrecht qui parut sous l'égide de Frédéric-le-Grand en 1794 définit ainsi le rôle de la police (2 partie, titre 17, article 10) : « Maintenir la paix, a sécurité et l'ordre publics et écarter les dangers qui menacent le public ou certains de ses membres ». Ainsi l'État ne doit restreindre la liberté personnelle des citoyens que dans la mesure la plus réduite et encore est-il nécessaire que cela soit indispensable pour le maintien de la paix et de la sécurité publiques.

L'ordre public, la sécurité publique, la paix publique, domaine très large de la police. Mais il faut l'entendre bien, en restreignant ses limites, la police n'étant qu'une partie de l'administration intérieure et par suite ne devant que contribuer à cette administration. C'est un organe protecteur, non pas un organe producteur. Aussi, le professeur Edgar Loening (1) a-t-il pu dire qu'elle n'a que la « mission d'assurer une protection et non pas de veiller à la prospérité générale ».

Ce qui est encore mieux c'est que la police est limitée dans son action par de nombreuses lois qui viennent fixer d'une manière précise les droits des fonctionnaires de police. Entre autre, il faut citer la loi fondamentale du 12 février 1850 sur la police et qui détermine les droits des citoyens, le respect dû à la liberté individuelle et le droit de l'État.

Un principe absolu en Prusse, c'est que la police est depuis le XIVe siècle, dans l'absolue dépendance de

1. *Revue du Droit public et de la science politique*. II. La police en Prusse par Edgar Loening.

l'État. Alors que ce sont des fonctionnaires communaux qui sont chargés de l'administrer, ils sont, dans l'exercice des fonctions de police, regardés comme fonctionnaires d'Etat. Frédéric-Guillaume Ier avait déjà au XVIIIe siècle soumis à la tutelle la police des villes autrefois purement communales. Berlin (1742) Koenisberg (1762) Elburg (1773) reçoivent une police d'Etat. Les articles 165 à 167 de la loi municipale du 19 novembre 1808, donnent au gouvernement le droit de confier à ses propres fonctionnaires ou au corps municipal (*magistrat*) l'administration de la police. Mais dans tous les cas ceux qui exercent la police sont regardés, en ce qui à ces fonctions, comme fonctionnaires d'Etat.

Les lois postérieures conférent, au nom de l'Etat, au président du Magistrat, le *Buergermeister*, la police locale. D'institution féodale, le *Nittergutsbeutzer*, seigneur foncier, avait le droit, dans les localités rurales, de police. Il fallut pour le lui enlever, appuyé qu'il était par la *Junkertun*, gentilhommerie, les lois de 1812, 1850 et surtout celle du 13 décembre 1872.

Comme en France, le grand chef de la police est le ministre de l'Intérieur. Comme en France aussi, certaines attributions de police relèvent des ministères des Travaux Publics, des Cultes, du Commerce, de l'Agriculture, des Finances.

Pour se rendre compte de cette organisation, un mot est nécessaire sur les divisions administratives.

La Prusse est divisée en provinces, lesquelles comprennent les districts qui eux-mêmes se subdivisent en cercles ruraux et urbains. Toute ville de plus de 25.000 habitants peut former à elle seule un cercle urbain. Les autres d'une population inférieure à ce chiffre se rattachent aux cercles ruraux. A la tête de ces divisions territoriales se trouvent l'*Oberpræsident*, président supérieur de province, le *Regierungs-præsident*, président de district, le *Landrath* directeur des cercles urbains et ruraux.

Le président supérieur n'a pas d'attributions de police, si ce n'est celles spéciales que lui confèrent certaines lois. Le vrai chef de la police est le Regierungspræsident qui est sous l'autorité directe du ministre duquel il reçoit les instructions de police et auquel il adresse ses rapports.

Dans le *Landkreise* (ruraux) et le Stakreise (urbain), c'est le Landrath qui dirige la police. Même si ce fonctionnaire est un agent de l'Etat, la *Kreistag* (assemblée élue du cercle) a le droit de présenter au roi les candidats qu'elle préfère, sous la seule condition que ces personnes soient domiciliées depuis un an dans le cercle, ou y possèdent des propriétés immobilières depuis un temps égal. Ces propositions du Kreistag sont toujours acceptées.

Ces postes de directeurs de cercle, bien que très peu rémunérateurs, sont fort recherchés par la puissance qu'ils donnent. Aussi l'aristocratie les brigue-t-elle et ce sont généralement des membres de la junkertum qui occupent ces postes. C'est là un côté particulier du système prussien qui s'accuse surtout dans le Hanovre et le Schleswig-Holstein.

Ainsi la *Landespolizei*, police générale, est dans les mains du ministre, des présidents de district et des directeurs de cercle. Comme en France on ne doit observer que les limites entre la landespolizei, et la *Ortspolizei* police locale, sont peu définies. Mais aussi comme dans notre pays les fonctionnaires de la police générale ont droit de s'immiscer dans la police locale par des ordonnances quand le danger à éviter menace non seulement le cercle, mais le district, la province. Ainsi par exemple pour une épidémie à enrayer.

S'il s'agit, au contraire, d'une mesure purement locale, par exemple l'amélioration de l'hygiène d'une commune, les fonctionnaires de la police générale n'ont aucun pouvoir. Le fonctionnaire de la landespolizci qui a droit de donner des instructions aux agents de l'Ortspolizei ne peut cependant se substituer à eux. Chez nous le préfet, après une mise en demeure au maire restée sans résultat, peut remplir ses fonctions. C'est donc pour notre police d'Etat un avantage apparent. Il n'en est rien, le tribunal administratif supérieur a consacré cette jurisprudence que dans les cas d'urgence absolue ou de circonstances spéciales, une mesure de police, pour atteindre sa fin, alors même qu'elle est locale, doit être exécutée par la police générale, ce qui détruit en réalité toute l'autonomie de la police. De plus certaines attributions, sont confiées, sans qu'on ait à observer leur caractère de généralité ou de singularité au président de district, aux directeurs de cercles, à des fonctionnaires spéciaux. M. Edgar Lœning, dans dans son étude sur la police en Prusse, cite parmi ces exceptions la loi du 24 juin 1865, articles 195 et suivant, qui donne la police des mines aux fonctionnaires des mines, les articles 66 et suivants de la loi du 3 novembre 1838 qui donnent aux fonctionnaires des chemins de fer la police des chemins de fer. La loi du 24 février 1816 donne au Regieruns præsident la police des fleuves, des navires, des ports. L'article 2 de la loi du 23 octobre 1817 et l'article 20 de la loi du 3 juin 1876 lui confient la protection des communautés religieuses reconnues par l'Etat comme celle des lois du 7 mars 1850 et du 7 juin 1844 font rentrer dans les attributions du Landrath du Landkreiss la police de la chasse et de la grande voirie.

Si nous passons à l'étude de la police locale, il la faut considérer sous deux aspects : la police locale dans les villes et la police locale dans les campagnes. La police des villes est confiée généralement au bourgmestre dans les villes rhénanes où le bourgmestre a les mêmes attributions que le maire français, aussi bien que dans les villes où il n'est que le président du magistrat. Une exception pour le Hanovre où le collège municipal, élu à vie et non pour six ou douze ans donne lui-même la police ou à moins qu'il ne la confie à une administration spéciale qui est installée aujourd'hui dans toutes les grandes villes.

Mais où se révèle la puissance de l'Etat sur la police locale, c'est le droit donné au ministre de l'Intérieur d'enlever la police municipale au maire dans les villes de plus de 10,000 âmes et même dans des cas spéciaux, dans les petites villes, pour la confier au Kœnihliche polizeibehœrdin, fonctionnaire royal. C'est une arme puissante, plutôt préventive. Le gouvernement en use rarement. En Prusse sur 205 villes de plus de 10.000 âmes il n'y a guère que 20 villes qui ont une police d'Etat. On laisse dans ce dernier cas au maire certaines attributions de police, comme celle de la voirie, de l'instruction publique, etc. L'Etat n'est pas disposé à user outre mesure de son droit, ayant, lorsqu'il a un fonctionnaire royal de police, à payer les dépenses de la police communale. Quant au personnel secondaire de la police dans les villes, chaque cité l'établit comme il l'entend.

Il ne sera pas sans intérêt d'étudier rapidement la police de Berlin. L'article 45 de la loi du 10 juillet 1883 donne au roi la nomination du président de la police, directeur de la police générale de Berlin. Ce fonctionaire est placé sous l'autorité directe du ministre de l'Intérieur. Le président de la police exerce son autorité non seulement sur Berlin, mais d'après la loi du 12 juin 1889 sur toutes les communes qui touchent Berlin. Il a ainsi à surveiller près de 2.000.000 d'habitants. Des bureaux sont sous ses ordres qui expédient annuellement plus de 3.000.000 de pièces. C'est d'abord un bureau central sous sa direction immédiate. Puis sept divisions organisées militairement. A leur tête un chef de division, des conseillers du gouvernement, des conseillers de police, des assesseurs, puis des secrétaires, greffiers, caissiers et de garçons de bureaux. M. Edgar Lœning nous donne dans la *Revue de Droit public* la statistique de 1897, du personnel de la présidence de la police ; 45 agents supérieurs, 360 employés subalternes et 76 garçons de bureau.

Voilà pour l'organisation des services intérieurs. Celle des services intérieurs comporte : la surveillance des voies publiques qui est confiée au *Polizeioberst*, colonel de la police sous les ordres du président de la police. Ce colonel commande le *Schutzmannschaft*, corps de protection, qui comprend : 19 capitaines, 176 lieutenants, 402 sous-officiers et 4217 hommes. Il y a parmi eux 19 sous-officiers et 220 hommes qui forment la garde montée.

La ville de Berlin se divise en 12 districts, 88 quartiers et des sections de quartier. Un capitaine commande le district. Chaque quartier a un bureau et un poste de police ayant à sa tête un lieutenant. Il y a environ 14 à 18 hommes, par quartier qui sont répartis dans les sections. Une vingtaine d'hommes, réserve spéciale est à la disposition du capitaine et du président de la police. De plus il existe certains services spéciaux comme le *Batinhofwachen* composé de 4 ou 18 hommes et chargé de la surveillance des gares.

Quant à la police judiciaire, elle sera laissée de côté. Remarquons qu'elle est bien distincte de la police que nous venons d'étudier. Il y a dans chaque district un commissaire de police et des agents qui s'occupent spécialement de la police judiciaire et criminelle et sont sous les ordres du commissaire de police. Ils relèvent de la quatrième division de la présidence, qui elle-même est divisée en quatre inspections criminelles.

Puis viennent les agents de police, *polizeiagenten* qui ne sont pas assimilés aux autres agents de police, ce sont des journaliers pouvant être congédiés à tout moment, le corps des pompiers sous les ordres du président de la police et du *branddirektor*, directeurs des incendies.

Pour terminer sur l'organisation de la police des villes, citons, d'après Edgar Lœning, celle de la ville de Halle. C'est le maire qui a la haute main sur la police, mais il délègue ses pouvoirs à un membre du corps municipal. Le service intérieur se compose de 4 employés, un inspecteur, deux commissaires, deux auxiliaires techniques pour la police des édifices Le service extérieur comporte, un inspecteur général, six commissaires, 12 sous-officiers, 123 hommes, 32 sapeurs-pompiers permanents établis par la ville, 60 sapeurs-pompiers volontaires.

Quant à la police lacale et rurale, elle varie suivant

les provinces et l'on peut compter jusqu'à cinq organisations différentes.

Ainsi comme dans le Hanovre, les cercles sont d'une étendue moindre que dans les autres pays, le directeur du cercle aurait pu être chargé de la police locale elle-même. On a suivi le système français et ce sont les *gemeinderworsteher*, maires, qui ont cette attribution.

Dans la province rhénane, comme le fait judicieusement remarquer M. Edgar Lœning ce sont les articles 180 et suivants de la constitution française du 5 fructidor an III qui avaient rassemblé les communes en une municipalité de canton qui ont été appliqués par la loi de 1845.

Le maire de canton est nommé à vie par le président supérieur mais il faut la proposition des commissions de cercles.

Il ne peut être révoqué que par un jugement des tribunaux administratifs. Ces fonctions ne sont pas purement honorifiques, non plus que celles du président des unions de Westphalie dont l'organisation est la copie de l'organisation rhénane. Ici c'est le *Amtmann*, bailli, qui est le président de l'Union. Ces fonctionnaires, révocables par jugement de tribunal administratif sont nommés à vie dans la même forme que le maire de canton. Il sont sont tous deux chargé de la police locale.

La Hesse-Nassau a gardé ses vieilles lois municipales et c'est le maire qui dirige la police locale, système français, sous l'autorité du directeur du cercle.

Où l'organisation est tout à fait originale, c'est dans la Prusse orientale et occidentale, je veux parler de la Poméranie, du Brandebourg, de la Silésie, de la Saxe, et même du Schleswig-Holstein. Ici les *Rittergueter*, biens féodaux, se sont maintenus en face de la commune. Ce sont des circonscriptions territoriales indépendantes. On les appelle *Selbstaendige Gutsbezirke*. Leur superficie va de 500 à 10.000 hectares. Jusqu'aux lois de 1872 et 1888, le seigneur foncier avait la charge de la police comme toutes les charges de droit public. Les selbstaendige Gutsbezirke et la commune rurale réunis forment le baillage appelé Amtsbezirke composé de 800 à 3.000 habitants.

L'Amtsvorsteher, président du baillage, exerce une fonction honorifique, nommé par le président supérieur pour six ans, choisi sur une liste dressée par l'assemblée du cercle. Cette fonction est obligatoire pour la personne choisie. Si on ne peut dresser une liste, sur la proposition de la commission du cercle, le président supérieur nomme un fonctionnaire rétribué, le *Kreisausschuss*, payé aux frais du baillage. Si le baillage ne contient qu'une commune ou qu'un territoire foncier c'est le maire ou le seigneur foncier qui est amtsvorsteher. Le maire ou le seigneur foncier doivent toujours aider à l'exécution des ordres de ce fonctionnaire.

L'amtsvorsteher, fonctionnaire de police, est sous les

ordres et doit suivre les instructions du directeur du cercle. Le bailli ne peut être révoqué que par jugement du tribunal administratif et a toujours recours devant le tribunal suprême de Berlin.

Ces fonctions purement honorifiques donnent une telle influence que ce sont les grands seigneurs fonciers qui occupent presque la totalité de 6.000 baillages.

Quant à la province de Posen, l'élément polonais et allemand qui la peuple ont interdit une pareille organisation. La police locale est dirigée par des agents d'un rang inférieur à celui du bailli. Ce sont de simples fonctionnaires nommés par le président supérieur ne relevant que de lui-même pour la révocation.

Les agents subalternes, agents d'exécutions, agents de police sont établis dans les communes rurales, les domaines fonciers, les villes, mais leur nomination est soumise à l'approbation des chefs de la police générale : président de district, directeur de cercle. Quant aux villes dirigées par des fonctionnaires royaux, tous les agents sont nommés par l'autorité royale.

Pour compléter ce système de police, une gendarmerie copiée absolument sur la gendarmerie française a été instituée. Composée d'un chef supérieur, de 63 officiers, 389 sous-officiers, 1854 gendarmes à cheval et 2.576 non montés, elle est divisée en 12 brigades, une par province et remplit sous les ordres du ministre de la guerre et de l'intérieur, le rôle de la gendarmerie française.

Les dépenses de la police générale sont supportés par le trésor public. Le budget d'état de 1895-1896 indique une somme de 510.000 marks pour la police générale. Mais il faut dire que la plupart des dépenses de police sont inscrites dans des chapitres du budget différents.

Pour les dépenses de la police locale, jusqu'en 1808 partant de ce principe qu'elle était police d'état, les dépenses étaient payées par l'Etat. L'article 167 de la loi municipale de 1808 crut faire remarquer qu'elle était surtout établi pour la sûreté des habitants. La loi du 11 mars 1850 vient décider que les villes, comme les baillages payeraient l'administrateur de la police. De plus le budget accorde à l'Etat 945.000 marks pour venir en aide aux circonscriptions pauvres. Dans les villes où il y avait un fonctionnaire royal, son traitement comme celui du personnel de police était supporté par l'Etat.

La loi du 20 avril 1892 est venue modifier cette organisation. L'État, dans les villes où il y a des fonctionnaires royaux assume toutes les dépenses relatives au personnel, aux bâtiments etc., la ville acquitte les autres dépenses. L'État exige en retour de la ville tant par habitant. A Berlin 2 marks 50 par tête : dans les villes d'une population de 75000 habitants 1 mark 50;

dans celles au-dessus de 40.000, 1 mark 10 ; dans les autres 70 pennings.

Ceci fait une grande économie pour les villes. Aussi à Berlin le budget de la police s'est élevé en 1896 à 12.469.380 marks ; la contribution de la ville n'a été que de 3.335.275 marks. Cependant les villes préfèrent encore s'imposer de lourdes charges et avoir la direction de leur police.

La loi a donné aux fonctionnaires de police comme moyens d'actions le droit de rendre des ordonnances ou règlements de police (polizeiverordungen) et des arrêtés de police (polizenverfuegungen).

Les ordonnamces de police édictent des dispositions générales portant interdiction ou ordre d'accomplir certains actes.

Elles sont sanctionnées par des peines fixées tantôt par des lois, tantôt par les fonctionnaires de police eux-mêmes.

Ces règlements ne sont légaux qu'autant qu'ils sont exécutés en vertu d'une délégation de la loi.

Ils ne doivent pas non plus contredire une ordonnance prise par une autorité supérieure à celle par laquelle ils ont été promulgués.

Comme les règlements ne servent qu'à compléter la loi, ceux qui intéressent tout le royaume doivent être appliqués par des lois votées par les chambres à moins qu'une loi elle-même ne donne au roi ou au ministre le droit de les prendre. Ainsi la loi du 30 mai 1874 accordant au roi droit de faire une ordonnance pour la protection de la pêche; aussi celle du 30 juillet 1883 chargeant le ministre du commerce et de l'industrie de veiller à la fabrication de la poudre et certains autres objets, etc.

Tous les fonctionnaires de police générale, président supérieur de district, directeurs de cercle, ceux de la police locale ont le droit de rendre des règlements de police en vertu de l'article 10, titre 17 (2e partie) du Code général prusssien. Mais il leur est nécessaire d'obtenir l'assentiment des assemblées élues qui siègent à côté d'eux. Le président supérieur s'adresse au *pronvinzialrath*, conseil provincial, le président de district à la commission de district bezirksanschuss; le directeur du cercle au *Kreisausdum*, comité de cercle; le président de baillage à l'Amtsauschuss, commission de baillage, les fonctionnaires de police urbains au magistrat.

Lorsqu'il s'agit de mesures de sûreté, ils n'ont qu'à demander l'avis lorsqu'il y a urgence, ils ont droit de prendre des mesures sans l'assentiment de personne, mais *provisoires*; les fonctionnaires ont tendance à abuser de ce moyen.

Les lois du 30 juillet 1883, articles 137-145, la loi du 13 décembre 1872, article 62, sur les cercles, la loi du 11 mars 1850, articles 5 et suivants sur les municipalités donnent aux fonctionnaires, dans le cas où ils n'ont pas obtenu l'assentiment de leur assemblée, le droit de s'adresser à l'assemblée supérieure.

Le règlement de police doit toujours viser la loi qui contient la délégation du droit de faire ce règlement. Les lois d'Empire ou d'Etat peuvent l'abroger.

L'article 145 de la loi du 30 juillet 1883 donne au ministre de l'Intérieur le droit d'abroger tous les règlements de police sauf ceux du roi.

La Prusse, c'est une critique qui lui est adressée même par les légistes, abuse un peu des règlements de police.

C'est dans leurs attributions générales et non dans la loi que les fonctionnaires prennent le droit d'interdire ou d'ordonner aux particuliers un acte lorsque leur conduite fait craindre pour l'ordre ou la sécurité publics. Ces ordres ou interdictions qui sont les *arrêtés de police* ne sont valables que pour les cas par eux visés.

Ils se présentent généralement sous la forme d'un commandement individuel. Ces arrêtés sont sanctionnés par des peines variant de 300 à 60 marks; l'article 132 de la loi de 1883 prescrit la contrainte par corps quand l'amende n'est pas payée.

Les arrêtés de police n'ont pas à recevoir l'assentiment des assemblées électives.

Les fonctionnaires de police ont comme autres moyens d'action les moyens de contraintes et le droit de faire appel à la force publique.

Mais d'où vient pour ces fonctionnaires le droit de faire des ordonnances. C'est ce qu'étudie dans son magistral ouvrage le professeur von der Heinrich Rosin. Pour lui l'état résidait d'abord dans la volonté du souverain, le souverain a créé lui-même des limites à son omnipotence, puis est venu l'état de droit, et le droit constitutionnel, la loi et enfin les ordonnances, complément nécessaire de la loi. Le droit de faire des ordonnances a été modifié par la nouvelle organisation administrative, (loi du 30 juillet 1883). Les ministres n'ont le droit de faire des ordonnances que si les anciennes ne suffisent plus. Pour Faerstmann (1) les ministres d'après la loi du 27 octobre 1810 n'avaient pas un droit propre de faire des ordonnances. Les ministres cherchent alors à prouver par la circulaire du 7 janvier 1845, leur droit en disant qu'une ordonnance pour être valable doit avoir l'autorisation ministérielle.

La loi du 11 mars 1850 ne leur donnne pas le droi. de faire des ordonnances. Il leur faut, comme dans notre système, une délégation de loi (Rosin, 3e chap.). Mais « aussi lorsque que les lois ordonnent aux autorités centrales de faire certaines ordonnances de police, les ministres sont autorisés à les promulguer dans tout l'État ou dans les États et à les sanctionner par une amende de 100 marks ». Donc les ministres n'ont pas le droit de faire des ordonnances *proprio juri*.

1. Rosin, *Das polizeiverordungesrecht*, page 186.

Quant aux autorités locales, la loi de 1850 leur permet de faire des ordonnances pour toute la commune avec pénalité sans autorisation de l'administration du district. Mais la loi de 1867 permet au gouvernement de régir la police locale par un délégué de l'Etat. La loi du 13 décembre 1872 a réglé les attributions des autorités des cercles.

Le contrôle des ordonnances est divers selon que l'on étudie sa légalité ou sa nécessité. L'examen de sa légalité rentre dans les attributions des tribunaux, celui de sa nécessité dans celles de l'administration supérieure.

De cet aperçu rapide de la police prussienne, cette conclusion sera tirée, que bien qu'avec des organisations diverses, avec une unité en apparence moins bien établie que celle de la police française, la prussienne est en réalité bien unie, dans les mains du ministre de l'Intérieur, qui par son droit d'établir partout des fonctionnaires d'Etat en cas de résistance à ses instructions, tient bien sous son autorité les agents municipaux élus de police et qu'ainsi a été évité l'écueil qui pouvait faire de la police prussienne l'image fidèle de la police française, c'est-à-dire un corps sans direction et par suite sans utilité, qui n'est plus apte à remplir le rôle de plus en plus difficile qui lui est dévolu.

BIBLIOGRAPHIE

ALLETZ. — Dictionnaire de police pour toute la Franc

AUBIERS. — Manuel des préfets et des sous-préfets.

BLANCHE. — Dictionnaire général de l'administration.

BATBIE. — Traité théorique et pratique de droit public administratif.

BERTHELÉMY. — Cours de droit administratif (1895-1896).

BLOCH. — Dictionnaire de l'administration.

BRAYER. — Dictionnaire général de police administrative judiciaire.

COMBARIEU. — Des pouvoirs de police des préfets, en général, en cas de troubles.

CHAMPAGNY. — Traité de la police municipale.

DELAMARE. — Traité général de police.

DAYRE. — Code formulaire de police administrative.

DUCROCQ. — Cours de droit administratif, 6e édition.

DUCROCQ. — Études sur la loi municipale du 5 avril 1884.

DALLOZ. — Codes annotés.

ELOUIN, TREBUCHET, LABAT. — Nouveau dictionnaire de police.

FRÉGIER. — Histoire de l'administration de la police de Paris.

GUYON. — La police d'État (Discours sur).

HOGIER-GRIZON. — La police.

HENRION DE PANSEY. — Du pouvoir municipal.

LARNAUDE. — Cours de droit public (1894-1895).

LOUET. — Dictionnaire de police.

LÉOPOLD. — Dictionnaire général de police administrative et judiciaire.

LALLEMAND. — La police en Allemagne.

EDGAR LŒNING. — La police en Prusse (Revue du droit public et de la science politique, n° 6).

MACAREL. — Traité de police.

MIROIR et BRISSOT DE WARVILLE. — Traité de police municipale et rurale.

MORGAND. — La loi municipale.

PAIN. — Code de police municipale et départementale.

PIROUIN. — Dictionnaire de police.

PICOT. — Histoire des États généraux.

PUYBARAUD. — La police à Paris.

REINACH. — Le budget de l'Intérieur (Revue politique et parlementaire, tome 2).

RENAULT (Léon). — Rapport sur la proposition Say et de Marcère (Officiel de la R.-F.).

ROSIN (Heinrich). — Das polizeiverordnungezrecht.

SIMONET. — Traité de droit public et administratif.

SCHULTE (DE). — Histoire du droit public et des institutions de l'Allemagne.

INE. — Des origines de la France contemporaine.

TRÉMY. — Code formulaire des arrêtés de police.

TRUY. — La police de France.

VIVIEN. — Le préfet de police.

VIVIEN. — Études administratives.

VUATRIN et BATBIE. — Lois administratives françaises.

REVUES ET DOCUMENTS

Journal Officiel de la République française.

Revue de droit public et de la science politique.

Revue générale d'administration.

Revue politique et parlementaire.

Revue de droit public et de la science publique.

Annuaire des lois étrangères.

Annuaire de législation étrangère.

Rapports et documents du Conseil municipal de la ville de Paris, 1893.

Bulletin du ministère de l'Intérieur.

Vu par le président de la thèse
F. LARNAUDE

Vu par le Doyen
L. GARSONNET

Vu et permis d'imprimer :
Le Vice-Recteur de l'Académie de Paris,
GRÉARD.

DES AUTORITÉS INVESTIES D'ATTRIBUTIONS DE POLICE.

ERRATA

Page 11 et suiv. — Lire Maurice Block au lieu de Maurice Bloch.

Page 25. — 4e ligne. Lire celui au lieu de celle.

Page 69. — Lire Labat au lieu de Sabat.

Page 181. — 15e ligne. Supprimer ces mots : « des auteurs prussiens »

Page 183. — Lire Elbing au lieu de Elburg.

Page 183. — Lire Rittergutsbesitzer au lieu de Vittergutsbeutzer.

Page 183. — Lire junkertum au lieu de junkertun.

Page 184. — Lire (cercles ruraux) et (cercle urbain) au lieu de (ruraux) et (urbains).

Page 189. — Lire Bahnhofwachen au lieu de Batinhofwachen.

Page 191. — Lire bailliage au lieu de baillage.

Page 191. — Mettre le mot (Kreisauschuss) après : sur la proposition de la commission du cercle.

Page 194. — Lire (polizeiverordnungen) au lieu de (polizeiverordungen).

Page 195. — Lire provinzialrath au lieu de pronvinzialrath.

Page 195. — Lire Kreisauschuss au lieu de Kreisausdum.

TABLE DES MATIÈRES

PREMIÈRE PARTIE

DEUXIÈME PARTIE

TROISIÈME PARTIE

Imprimerie HENRI JOUVE, 15, rue Racine, Paris.

www.ingramcontent.com/pod-product-compliance
Ingram Content Group UK Ltd.
Pitfield, Milton Keynes, MK11 3LW, UK
UKHW021126220726
13924UKWH00004B/1930